岐阜発イノベーション前夜

小さな会社を『収益体質に変える』事業のつくり方

三輪 知生
東海クロスメディア株式会社
代表取締役

本書で紹介する事業者（10事例）の所在地

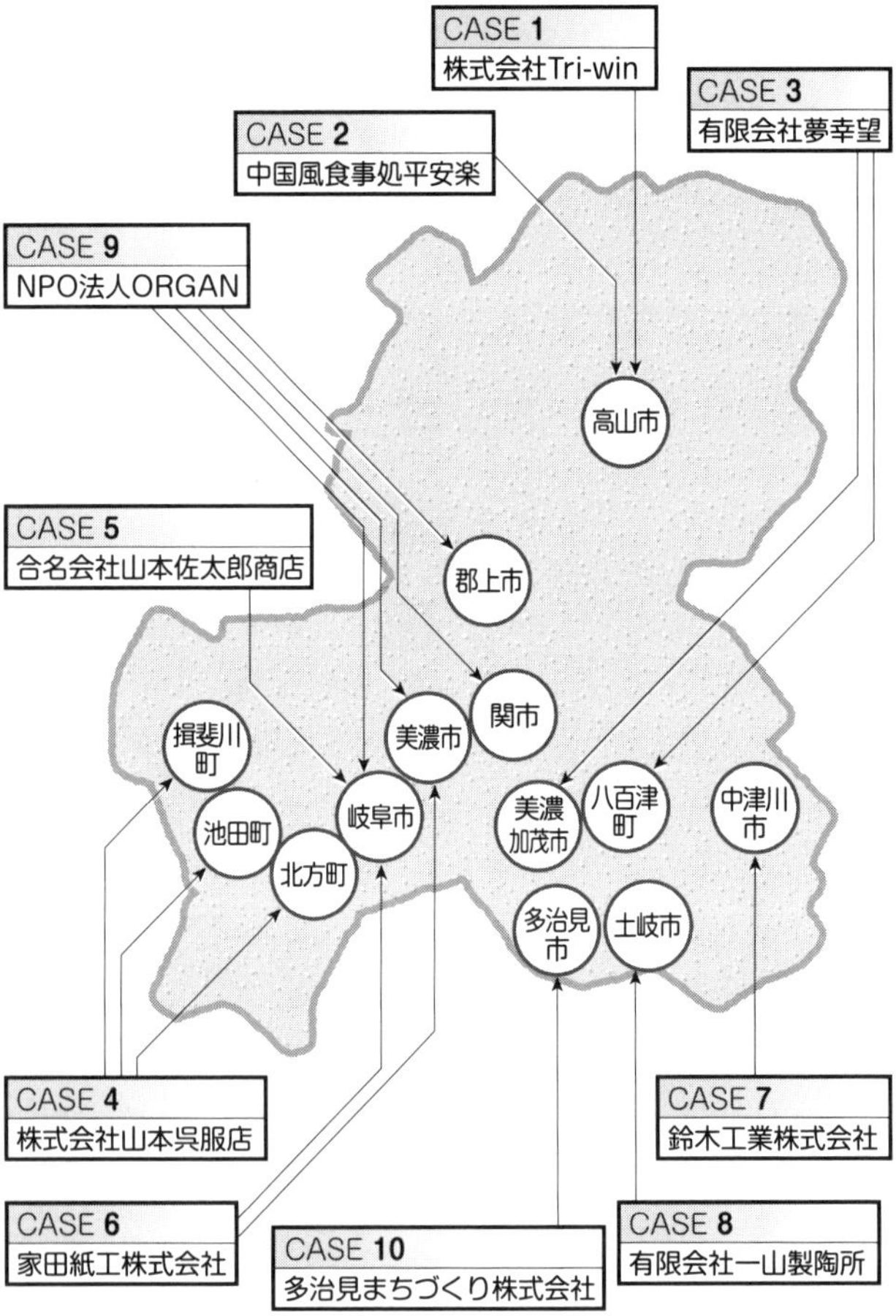
CASE 1
株式会社Tri-win
CASE 2
中国風食事処平安楽
CASE 3
有限会社夢幸望
CASE 9
NPO法人ORGAN
CASE 5
合名会社山本佐太郎商店
CASE 4
株式会社山本呉服店
CASE 6
家田紙工株式会社
CASE 10
多治見まちづくり株式会社
CASE 7
鈴木工業株式会社
CASE 8
有限会社一山製陶所
高山市
郡上市
関市
美濃市
揖斐川町
池田町
北方町
岐阜市
美濃加茂市
八百津町
中津川市
多治見市
土岐市

プロローグ
なぜ、あの事業がイノベーションを創出できたのか？

岐阜で体験した「イノベーションの夜明け」

この本を手にしたあなたは、「イノベーション」というキーワードに関心を持たれているか、上司から「イノベーションをおこせ！」と課題を与えられたものの、さてどうしたものかと思案しているかもしれません。

でも心配しないでください。言葉の本当の意味もその実現のしかたも、まだ世の中で深く理解されていないのですから。イノベーション創出で悩む人々にとって、本書は良きヒントとなるエッセンスが含まれていると信じてやまないのですが、まずは、

「なぜ、岐阜発？」

プロローグ

という疑問にお答えすることから、スタートしていきたいと思います。

さて、岐阜と聞いて、あなたは何か具体的なイメージが浮かぶでしょうか。保守的な地域で……、程度のほかに何も思い浮かばないのが正直なところではないでしょうか。

「そんな岐阜で、イノベーションって？」

と、思われているのではないでしょうか。その答えを先にお伝えしますと、

「岐阜で公的支援の専門家として産業経済振興に従事し、国が推進する地方創生に関わってきた私の経験に基づいているから」

という理由です。第3章以降で紹介する事例には、さまざまなイノベーションの創出に取り組む経営者の苦悩と情熱が込められていますので、どうぞじっくりと読み進めてください。

第1章と第2章では、大企業も中小企業もイノベーションの創出に腐心している現状を

鑑《かんが》み、「解決すべき根源的な課題」「人と組織に関わる潜在的な思考の隘路《あいろ》(見えない壁)」について言及していきます。

インテリジェンス・レベル(知的水準)が総じて高い大企業の人々が、どれだけ潤沢な経営資源と豊富な知識を有していても、なぜイノベーション創出が順調に推移しないのか。一方、保有する経営資源が少ない中小企業の経営者が、別段イノベーションの知識を習得していなくても、小さいながらも小さいなりにイノベーション創出を実現することができるのか。そのターニングポイント(成功への分岐点)について、私の就業と経営支援の現場での経験と思索をもとに紐解いていきたいと思います。

過去の成功体験や社会通念、業界慣行などの既成概念、民の論理と官の論理を隔絶する大きな壁、聖域化された既得権益などに固執している時間的な余裕はもうありません。

私たちは大量生産・大量消費社会の効率化、合理化を最優先とする思考と行動から、「イノベーションの創出＝まったく新しい価値を創造」して世の中に提供していかなければならないという時代の大転換期にあります。

今はまさに日の出る国、日本の夜明け前なのです。

プロローグ

経営支援の現場で遭遇した「相談者あるある」

私が勤務した工作機械メーカーやコンサルティングで対面した重工業メーカーは、経営資源が豊富な日本を代表する大企業であり、新製品の開発から販売という局面が、最もマーケットに近いイノベーション創出の舞台です。

そこではいくら設計者が優秀であったとしても、世の中に存在しない新製品となると、どうしても設計上の図面と製造上の現物との間で齟齬《そご》（設計ミスや製造ロス）が生じてしまいます。製品の出荷までに、それらの問題を解消して図面にも反映し、設計から出荷まで正常な業務フローを確立して初めて、製品の品質は認められます。

購入者の現場に到着後は、仕様書通りの性能が実証されるか、中長期に渡って安定して稼働するかといったユーザーの求める価値が仔細《しさい》に検証され、認められて初めて「新製品＝イノベーションは価値がある」と評価されます。その過程で設計ミスや製造ロスは不可避であり、設計部門や製造部門など関係する部署が摺り合わせを行い、調整して解消するのが当然の努めです。

しかし、問題を隠蔽《いんぺい》したり、責任を押しつけたり、決められた手順を遵守しなかったり、人と組織の意思決定プロセスに関わる阻害要因が顕在化する場面が、近年数多く表出しました。

中小企業支援の場面では、主に日本の空洞化に起因する仕事量の減少から、それまで依存してきた業界慣行や取引関係（下請け）からの脱却が急務となっている事業者と数多く対面してきました。

また、ライフスタイルの変化やインターネットの普及、そして郊外型店舗の出店などで集客減に悩む商店主やサービス事業者にも数多く接し、ともに打開策を検討しながら伴走型で支援してきました。何をすれば良いのかまったくわからない事業者はわずかで、頭ではわかっていても過去の経験から脱することができない事業者がとても多いことに、次第に気づきました。

大企業にも中小企業にも特有の事情があり、イノベーションの創出とは言ったものの、その実現は到底容易ではないこと、「阻害要因＝制約条件」は目に見えず、潜在的で根深いものであることを長年の就業経験を通して痛感しました。

本書を執筆しようと考えた動機は、そうしたイノベーション創出時の制約条件を解消するためのヒントを示したいという「想い」であり、数値定量的な分析やアカデミックな研究・理論は極力回避して、ストーリー仕立てで記述を進めていくことにしました。

どうぞ興味のある章から、まずはページを開いて読み進めてください。

なぜ、あの事業がうまくイノベーションを創出できたのか？　その答えがそこに記されています。

２０２０年１月吉日

三輪　知生

目次

プロローグ　なぜ、あの事業がイノベーションを創出できたのか？　3
岐阜で体験した「イノベーションの夜明け」　3
経営支援の現場で遭遇した「相談者あるある」　6

夜明け前

第1章　小さくはじめるイノベーション　21
競争優位性を発揮するにはどうするか
既存の商品やサービスの「模倣」「追従」に成長モデルはない　22
求められるのは産業構造基盤の大転換　23
「基幹技術」「対象市場」「競争相手」にみる変化とは？　24
イノベーションの意味を認識し直す　26
「学び続ける」姿勢が私たちの未来を切り拓く　28

４つの発想の転換ができるか 30
外部環境の変化で「強み」は「弱み」に転換する 33
対等な連携があってこその「オープンイノベーション」 35
産業構造を「ピラミッド型」から「コンパイル型」へシフトせよ 37
人材の流動化で求められる「人と組織のルール」や「制度」の変更 38
イノベーション創出がしやすい「役割等級制度」にする 40
もの知りだけでは経営はできない 42

第２章 「摩擦」「軋轢」といかに向き合うのか

45
「見えない壁」を壊した先にこそ成功がある
潜在的に存在する目にみえない壁 46
イノベーションの創出を妨げる３つの「制約条件」 47
どうすれば壁は乗り越えられるのか？ 49

「未来予測」をしたらじっくり育てよ　50

「感情」の整理が求められる中小企業の事業承継　52

先代と後継者が見ている景色は同じなのか　53

「会社は何のためにあるのか」親子で共有せよ　54

事業を継ぐ3つのフェーズ　55

「研究機関は先進性」「産業界は事業収益化」を優先する溝を埋める　57

立場が違うからこそ起こるイノベーション　59

公的機関が抱える「課題解決」は急務　61

今、求められる「中立」「公平」「公正」の視点　62

組織の壁は根深く、そこにも3つの壁がある　63

危機意識が自分事でない地方の意識を変えよう　65

行政は意思決定時に「民意を反映するしくみ」をつくれ　66

「中小企業のイノベーション」から大企業も学ぼう　67

第3章 INNOVATION

飲食業の小さなイノベーション 69

CASE 1 株式会社 Tri-win（岐阜県高山市）
グルメな若者や観光客でにぎわう「飛騨の話題スポット」に 70
「スーパーマーケット経営」が直面した2度の苦難 71／スーパーの業績は好調だが安売りで疲弊する毎日 73／対面販売の八百屋は消え、セルフサービスのスーパーが主流に 75／全国チェーン内で出店競争が激化し、やむなく解散 78／「スーパーマーケットからの撤退」を家族に表明 81／夢を叶える場として「屋台村開発」を決意 83／地域活性化の「第1号ファンドの出資先」に選定 86／新規事業の屋台村「でこなる横丁」がスタート 88／出店者の夢を実現できる環境を整備する 90／「経営をまっとうする」のがトップの役まわり 93

CASE 2 中国風食事処 平安楽（岐阜県高山市）
夫婦二人三脚で営む「総座席12席の中華料理店」の果敢な挑戦 96

店を開けるものの客足が途絶える厳しい現実　97／結婚で幸せを手にした一方で商売のあり方に悩む　99／「合理化経営」の大手中華料理チェーン店が勢力を拡大　101／外国人観光客の予期せぬ注文に悪戦苦闘　106／観光客に口コミで広がり、気がつけば繁盛店へ　109／お客様が食べたいものなら喜んで提供する　111／「何をどうするのか」、それが顧客満足の原点　114／「お客様を歓迎できるのか」に成功の答えがある　116／あえて団体予約は受けず、お店の強みを守る　119

INNOVATION

第4章

小売業の小さなイノベーション　123

CASE 3　有限会社 夢幸望（岐阜県美濃加茂市）

東濃ひのきベッド「かおりちゃん」の開発で「街のふとん店」から華麗に業態転換　124

かつて港町として栄えた八百津町で創業　125／「布団の仕立て直し技能が活かせない」ジレンマ　127／室町時代の「寝具の一大革命」、真綿を布に詰めた「蒲団」が登場　130／寝具店の市場規模は20年間で5分の1以下に縮小　132／2億円の売上が気づけば3分の1というありさま　135／寝具類の中で伸びしろがあるベッドに着目　137／地元「岐阜県産ひのき」を使ったベッドがいい　139／「補助金交付」を受け、東京の展示会で販路開拓に挑む　142／布団のクリーニングとサブスクリプション事業に進出　144／「まちのいえ協同組合」の初代理事長としても活躍　147

CASE 4
株式会社山本呉服店（岐阜県揖斐郡揖斐川町）
創業130周年。地元で愛され続ける老舗呉服店の細腕繁盛記　150

城下町で江戸中期に創業した老舗「山本呉服店」　151／商人魂「店はお客様のためにある」を貫く　153／2兆円あった着物市場は3000億円台へ　155／生産者が減り、商品の優位性での差別化策はない　158／商品や特売情報が一切ない「手書きの通信」を発行　160／着物愛好家が楽しめる店にする　163／インターンシップの受け入れで、将来のお客様を育てる　165／日本文化を伝承する「山兵さろん」を京都に出店　168／老舗が老舗として存続できるゆえ

んとは何か　170／老舗企業から事業承継の潔さを学べ　173

第5章 INNOVATION

卸売業の小さなイノベーション　177

CASE 5 合名会社山本佐太郎商店（岐阜県岐阜市）
米油での手揚げのおいしさにこだわる「大地のかりんとう」誕生秘話　178
菜種油を精製販売する「油メーカー」から「油問屋」へ業態転換　179／父の急死で転機を迎え、卸売業を継ぐことに　181／流通の中抜きで食料品卸売業が苦境に　183／「和菓子職人まっちん」との出会いが新たな価値を生む　187／ふたりの思いが詰まった菓子「大地のかりんとう」　190／初出店の試験販売先で、なんと３００袋を売る　192／素材も徹底的にこだわる「大地のおやつ」シリーズ　194／信念に基づく判断が事業を成功に導く　196／オープンイノベーションが意図することとは？　199

CASE 6 家田紙工株式会社（岐阜県岐阜市）

美濃手漉《す》き和紙の魅力を活かした「カミノシゴト」でヒット商品が続々 204
1300年以上の歴史を刻む和紙の産地「美濃市」 205／「盆提灯用の和紙の卸売」を主な事業として創業 207／伝統工芸品として扱われるようになった手漉き和紙 209／提灯の生産は岐阜県と福岡県で8割を占める 212／美濃和紙は伝統工芸品、ユネスコ無形文化遺産にも登録 214／提灯市場の縮小で業態の見直しが迫られる家田紙工 217／ロシアの視察が商品開発のヒントとなる 219／手漉き和紙のオーナメントが海外でメガヒット 221／美濃和紙の折り紙でつくったピアスが話題に 224／「革新を続ける」ことで「伝統は守られる」 226

第6章 製造業の小さなイノベーション　229

INNOVATION

CASE 7 鈴木工業株式会社（岐阜県中津川市）

社長の決断を励みに開発した「ウォームテックスプーン」で新市場を開拓　230

時代の変遷に合わせ「木材加工業」から「機械金属加工業」へ　231／3人のスタッフを招集し、「企画開発室」を新設　233／もともと収益性が低い金属プレス加工という業種　235／国内産業構造の空洞化で自社の強みを失う道へ　238／社長交代のタイミングで自社商品「スゴ技バインダー」を開発　240／「困った」を解決する便利なスプーンを発案　243／「ひとりでも継続せよ」の鶴の一声　245／「凍ったアイスクリームがすぐ食べられる」と好評　247／経営者側に「現場をバックアップする」覚悟はあるか　250／知識の習得だけではイノベーションは生まれない　252

CASE 8 有限会社一山製陶所（岐阜県土岐市）

「タジン鍋」からヒントを得た無水調理鍋「セラ・キュート」がヒット 256
「美濃焼の窯元」で骨壺・生活食器を製造 257／目の当たりにした海外製品に押される自社製品 259／縄文、弥生土器まで遡る「陶磁器産業」の歩み 262／国内生産する生活食器の5割強を占める美濃焼 264／辿り着いたのがモロッコ郷土料理の「タジン鍋」 267／「試作品第1号誕生」の突破口は研磨技術との出会い 269／「料理はおいしい」が「匂いや汚れがつく」弱点に直面 272／「次世代型セラミック鍋」誕生後も待っていた試練 274／「安くなければ」という思い込みに悩む 276／百貨店の調理実演でお客様は鍋の虜に！ 279

第7章

INNOVATION

地方創生の小さなイノベーション 283

CASE 9 NPO法人ORGAN（岐阜県岐阜市）

地域の「稼ぐ力」を引き出し地方創生の舵取り役に 284

「長良川流域のくらしと文化」で観光地域づくりに挑む 285／運営母体は観光コンテンツを開発する特定非営利活動法人 287／「旅行代理店が観光客を連れてくる」のは過去のこと 289／観光地に人を主体的に集客する 292／フリーペーパー「ORGAN」で地域の魅力を発信する 294／「オンパク手法」の体験交流型プログラムを地元で開発 297／伴走型で観光コンテンツ開発をバックアップ 299／期間限定イベントの限界を迎える 301／攻めの「和傘マーケティング」が和傘協会設立を導く 304／意思決定で強く求められる「意思疎通」と「合意形成」 306

CASE 10 多治見まちづくり株式会社（岐阜県多治見市）

若い活力で甦った「ながせ商店街」の賑わい　310

「まちづくりの会社」を設立　311／新社長と行政が協力した「人材募集」で吹き込んだ新風　313／まちづくり会社の推進を意図し、「法」「支援制度」が整備　315／商店街の衰退にブレーキが効かず拍車がかかる　318／「補助事業」「空き店舗」の活用で商店街を再生する　320／新たな資本構成ではじめた事業が「カフェ温土」　323／秋に定期開催される多治見らしいイベント「商展街」　325／賑わいあるエリア「ながせ商店街」として変貌　327／「共感力」「感動力」が大切なタウンマネージャー　330／なぜ、タウンマネージャーが見つからないのか　332

エピローグ　地方の「若い担い手の育成」が「活力ある場」をつくる　335

「ありたい姿」から考えたロードマップを描け　337

使えるガイドを有効活用しよう　340

夜明け前

第1章

小さくはじめるイノベーション

競争優位性を発揮するにはどうするか

既存の商品やサービスの「模倣」「追従」に成長モデルはない

今も昔も変わることなく、天然資源や食料物資の大半を輸入に頼っている日本。付加価値の高い商品やサービスを創出して海外市場で販売、もしくは外国人観光客のインバウンド需要を喚起して、外貨を獲得していかなければ、永続的な経済発展を実現していくことは困難です。

そうした状況下でイノベーションの創出は、最大かつ危急の課題です。この大命題に応えようと、大企業も中小企業も躍起になって取り組んでいます。ところが、総じて期待した未来予想図通りには推移していないと、多方面から指摘されています。

戦後の復興から高度経済成長を成し遂げた頃までは、大量生産・大量消費を前提とした欧米追従型、先行する成功事例を模倣することによって成長と発展を遂げていく事業モデルが、日本の産業構造基盤を支えてきました。その後、失われた20年とも30年とも言われていますが、それは旧来型の成長モデルを成立させる前提となる、「確たる目標＝模範」を見失ってしまったからでしょう。

もはや目標たる事例はどこにも見当たらないばかりか、アジア諸国の企業によって競争力は脅かされ、すでに多くの領域では追い越されているのが現実の姿です。これから先は既存の商品やサービスを模倣や追従するのではなく、不透明な先行きを自らの目で見通していけるようになる必要があります。

求められるのは産業構造基盤の大転換

「商品を量産して規模の経済で利益を確保する」事業モデルから、「付加価値の高い商品やサービスを生み出し続けられる」モデルに、産業構造基盤の大転換を図っていかなければなりません。

生産規模の大小が競争優位性を測るものさしとされる、自動車や家電などの完成品メーカーが次第に競争力を失いつつある中で、目指すべき目標をどこかに探すのではなく、自ら設定して主導していくことが求められているのです。

完成品メーカーが競争力を失いつつある中、基幹部品メーカーがなお競争優位性を誇っていることは、日本のものづくり業界の唯一の救いでしょう。しかし、それも次第に追従され、追い越されてしまうかもしれません。

こうなった以上はイノベーションが私たちに求められることは必至であり、アカデミックな領域（大学や研究機関）を端緒として、すでに長らく喧伝《けんでん》され、取り組まれているところです。しかし実際のところは、これがうまくいっていないと、多くの人たちが指摘しています。

そこで第1章と第2章では、その根源的な理由について深掘りしていきます。

「基幹技術」「対象市場」「競争相手」にみる変化とは？

「イノベーション」の日本語訳は、「技術革新」であると長らく信じられてきました。ものづくり産業が「技術立国」として、戦後復興から高度経済成長期を牽引してきたこともあり、技術革新こそが世の中を変える、新しい価値を創出する唯一無二の手段であると信じてやまなかったのです。

確かに、電化製品や自動車の普及が私たちの生活を便利にし、情報受発信や移動交通の手段が変わりました。それらの製品を世の中に供給する完成品メーカーが技術革新によって競争力を高め、世界の市場での地位を築いてきたのです。

しかし、その後の推移はどうでしょうか。

ＩＴ機器は顕著ですが、設計段階でエンジニアが最先端要素技術を採用することに固執するあまり日本製品は、ガラパゴス化（複雑多岐に高機能化した製品やサービス、排他的で規制の多いマーケットなど、国際標準からかけ離れている日本の産業の現状のこと）してしまいました。需要が急拡大する新興国市場では、価格が高いばかりで市場ニーズにマッチせず、やがて日本メーカーの電化製品はいずれも競争力を失ってしまったのです。「技術革新」によって技術的に高品質・高性能を誇った日本製品は、操作が複雑であったり、不要な仕様が数多く含まれるなど、利用者の視点から支持されにくい製品が生み出されてしまいました。

次に、自動車産業に目を向けてみましょう。

エンジンを駆動源とする従来型の自動車は、約３万点の部品を集積して組み立てる際の統合技術を有する、既存の組立て（完成品）メーカーの競争優位性を担保してきました。しかし、近年ではハイブリッド車から電気自動車へと、「基幹技術」に変化が生じています。また、従来の主要な市場は日本国内を含めた先進諸国でしたが、現在では中国・インドをはじめとした新興国、そしてこの先はアフリカなど開発途上国が主たる市場となってくることからわかる通り「対象市場」に変化が生じています。

この２つの変化にともない、特に自動車の駆動源がエンジンからモーターへと変化していく過程で、ＩＴ機器で見られるように基幹ユニットがモジュール化されて分業が可能となりました。それによって新規参入が容易となり新興国メーカーが乱立し、「競争相手」の対象と質が変化しています。

このように「基幹技術」「対象市場」「競争相手」の３要素に変化が生じています。日本の産業構造を盤石なものとし、世界中で競争優位性を誇り、外貨獲得で最優秀の戦力として機能してきた「技術革新」を起点とした基幹産業の地位は、次第に地盤沈下していきそうな厳しい状況です。

そうした環境下で、私たちは何を変えなければならないのでしょうか。

イノベーションの意味を認識し直す

日本の完成品メーカーが最先端の「技術革新」に邁進し、悪戦苦闘している間に、電化製品は海外のＥＭＳ（Electronics Manufacturing Service：受託生産会社）が専門特化して国際競争力を高め、次第に盤石な経営基盤を築いていきました。ついには最先端の技術力を誇る日本メーカーを傘下に収めるまで成長し、「技術革新」＝「イノベーション」の神話は脆《もろ》くも崩れ落ち、完成品メーカーのエンジニアの夢は、はかなく雲散霧消《うんさんむしょう》してしまったのです。一縷《いちるい》の望みは、基幹部品や素材メーカーの国際競争力が、いまだ誇ることができることです。

一方で、世界中の市場で隆盛を誇るＧＡＦＡ（Google, Amazon, Facebook, Apple）といった米国企業は、ハードウェア（電化製品）の技術革新ではなく、ソフトウェアやアプリケーション（用途別のプログラム）によって世の中に利便性をもたらすことで、世界に通じる「イノベーション」を実現しているのです。

日本がこれから改めて競争優位性を発揮していくためには、こうした事実を客観的な視点で冷静に認識して評価し、産業構造を取り巻く外部環境の劇的な変化に対処する方策を練ることからはじめなければなりません。

それにはまず、ビジネスの「前提条件から大転換を図っていく」ことが必要です。これから先は、設計や製造部門の技術シーズに端を発する技術偏重の商品開発プロセスから、利用者の視点で製品の真の価値は何かを考えて商品開発を進められるように、まずは「発想の転換」を図らなければなりません。

今までの強みである、独自性が高く模倣が困難な付加価値の高い製品を具現化していくための技術開発力を排除する、ということではありません。今ある技術で何がしたいのかを技術者視点で考えるだけではなく、将来どのように普及していくのか、といった利用者視点で考えるのです。

「イノベーション」を「新たなアイデアや手法が世の中に普及して、人々の利便性が高まること」と、認識し直さなければなりません。そして、意思決定の根拠(前提条件)としてこれまで当たり前に考えてきた「常識」や、過去の経験に基づく「認識」を変えなければならないのです。

さらに、「基幹技術」「対象市場」「競争相手」が変わることから、垂直統合型などこれまでの「産業構造基盤」を変革しなければなりません。急激な変化と激烈な競争環境に対処するためには、人の採用や登用に関する「ルールや制度」の見直しも必要となるでしょう。

「学び続ける」姿勢が私たちの未来を切り拓く

外部環境が激しく変わり、競争環境も国境を越えて日々刻々と厳しくなる中で、当たり前の日常や企業の勢力図が、ある日突然変わってしまうことが頻繁に起こっています。過去に培った知識や経験は時の経過とともに陳腐化し、企業や組織は体力を消耗して強みを喪失し、やがて世の中で通用しなくなってしまうのです。ドッグイヤー（犬の1年が人の7年に相当することから、変化のスピードが速いことを表す）と表現されるように、技術革新の変化は激しく、情報拡散の速度と規模はますます拡大しており、守りの姿勢で安閑《あんかん》としてはいられません。

「変革の時代には、学び続ける人のみが未来の後継者になる人である。その一方で、すでに学習をやめてしまった者は、自分の力を発揮する世界が、もはや存在しないと気づくことになるだろう」

という格言があります。これはアメリカの社会哲学者エリック・ホッファー（1902〜1983年／大統領自由勲章を1983年に受賞）が遺した言葉です。過去に培った知見だけを判断基準として意思決定していると世の中で通用しなくなってしまうという、私たちが置かれた危機的状況を的確に表現していると言えるように思います。

夜明け前

イノベーションの創出に取り組む前に、人の判断基準を構成する「常識」「認識」を根源的に変革しなければ、イノベーションどころか、再び同じ道に迷い込んで競争に破れ、後退してしまうことでしょう。しかし、人が当たり前と考える「常識」や過去の知識と経験に基づく「認識」を変えることは容易ではありません。

強く意識して、意図的に「発想の転換」を図らなければ、意思決定の舵を切る（方向を転換する）ことはできないのです。また、「常識を疑え」「発想を転換しろ」と指示するだけでは、どうすれば良いのか誰にもわかりません。

4つの発想の転換ができるか

「ブレーン・ストーミング法」「kJ法」「オズボーンのチェックリスト」といった発想を進める手法やツールは古くから開発されています。ここで私が言及しようとするのは、こうした「意識レベル」を表出化するスキルではなくて、その前段となる「無意識レベル」を顕在化する発想のあり方、発想の転換の進め方です。

私は長年の経営コンサルティングの場面で、経営者との対話の中で発想の転換として4

つのあり方・進め方を提起し、ともに考え、数多くの経営革新を導いてきました。この４つの発想の転換について、順番にご紹介していきましょう。

発想の転換の１つめは、「柔軟な発想」です。人や組織が「常識」と信じていることであっても、いざ一歩外へ出ると「非常識」である、といった事象は世の中にたくさんあります。硬直的な思考や固定観念にとらわれたまま、それだけで判断してしまうと、「新しい取り組み＝イノベーション創出」にとって阻害要因となってしまいます。

顧客の視点や第三者の視点で考える、定点観測だけでなく俯瞰して見る、経営陣だけでなく若年層の視点を取り入れる、男性だけで決めるのではなく女性の意見を尊重するといった、意思決定時の柔軟性が必要なのです。

２つめの発想の転換は、「逆転の発想」です。人や組織が危機的な状況に陥ったときに、「これはもうダメだ」と悲観的な思考で何かを判断しようとしたり、現状の問題点をトコトン掘り下げて課題を抽出して解決しようとしても、そこからイノベーションは生まれてきません。

「ピンチはチャンス」と楽観的に受容して現実を直視しつつ、一旦その状況から脱却する意識（逃避ではなく）で思考を巡らせます。これは品質向上のためのＱＣ活動などが身につき

「問題解決型思考」に長けている、ものづくりの現場では最も苦手とする発想の転換であると言えるでしょう。

発想の転換の３つめは、「突き抜ける発想」です。人や組織が従来の枠組みの中でいくら思考を巡らせていても、外国企業で価値観が異なったり、異業種からの新規参入であったりすると、競合相手はその枠組みの外から攻めてきます。

過去の成功体験や設備の稼働率などといった自社都合にとらわれることなく、利用者の視点や利便性を起点として、商品やサービスの本質を見極めて開発を進めなければイノベーションの創出はできません。企業の規模が大きくなるほど、ここがむずかしく、過去に引きずられてしまいがちです。

４つめの発想の転換は、「原点回帰の発想」です。人や組織が新たな事業をはじめようとするとき、まったく未知の領域でゼロからスタートしても時間やコストが膨大にかかり、自社の強みが発揮できません。

また、他社との競争優位点が見当たらず、市場で先行している競争相手を超越するには、莫大な経営資源を投入するか、競争相手を買収するなどして呑み込んでしまわなければ、自社でイノベーションの創出はできません。企業の規模が小さくなるほど、経営資源が限られることから、自社の強みに改めて立ち返る必要があるでしょう。

外部環境の変化で「強み」は「弱み」に転換する

日本は戦後復興から高度経済成長期まで、自動車や家電などの完成品メーカーを頂点として、傘下に一次請け（Tier 1）、二次請け（Tier 2）、その下請けといった重層構造で垂直統合型の産業構造を強みとして、世界で冠たる地位を築き上げました。

これは品質と性能が均一な工業製品を大量生産するために合理的で効率的なしくみで、構成する企業の数が下層へ行くほど増えるので「ピラミッド型」の産業構造と呼ばれてきました。労働集約型の産業で、上意下達で忠実にものづくりを進める上で、絶大な威力を発揮してきたのです。

近年、ものづくり産業の歴史の中では、大量につくれば大量に売れて儲かるといった状況が長年続きました。ものづくり企業に勤務して製造現場で働き、腕を磨いて自信がついて蓄えができると独立して部品加工業を開業し、自ら垂直統合型の産業構造を下支えする地位に就いてピラミッドの裾野が広がる、といった産業構造基盤の形成がされてきました。

夜明け前

私はバブル経済の絶頂期に工作機械メーカーに就職し、自動車トップメーカーの企業城下町と呼ばれる東三河地域で製造設備の導入に数多く関わり、当事者としてこの状況を目の当たりにしてきました。

ピラミッド型の産業構造は、完成品メーカーにとって盤石で最適なしくみとして長年に渡って評価され、その強みを発揮して世界に冠たる地位を築く礎となりました。収益構造は「逆ピラミッド型」と呼ばれるように、完成品メーカーに利益が集中するしくみです。設計、製造、製造技術、生産管理、資材調達、原価企画、受入検収と工程別で重層的に、そして徹底的にコスト管理がなされて効率化されます。自社での実現が到底困難であろうと思われる、コスト逓減《ていげん》を傘下の企業がサプライヤーの指導・監査のもと、徹底した合理化で実現する構図です。

このしくみは、均一で大量に生産される製品が、広く大量に消費される世の中では効力を発揮してきました。しかし、「基幹技術」「対象市場」「競争相手」に変化が生じている中で、ものづくり企業の国際競争力という点で日本が脆弱になりつつある現状からもわかる通り、この産業構造基盤のあり方自体を見直し、変革していく必要があるのです。

しかし、家屋を立て直す際のことを考えるとわかりやすいのですが、屋根や内装を変えることは比較的容易でも、基礎や土台から造り直すのは非常に困難を要するものです。

対等な連携があってこその「オープンイノベーション」

イノベーションを推進するときに、「オープンイノベーション」というキーワードは必須となっています。自社が経営資源として有する要素技術や研究開発能力に限定するのではなく、社外の異業種企業やベンチャー企業、大学や研究機関と多面的に連携してイノベーションは創出すべき、という考え方です。

それぞれが自社の強みを持ち寄り、共同研究や共同開発を進めることによって、合理的かつ効率的に利益確保につなげていくことができることから、大企業を中心に広く浸透して積極的に取り組もうと推進しており、国も後押しする行動指針を示しています。

なお、イノベーションを論じる際にカタカナ用語が多いのは、大学や研究機関などアカデミックな領域から情報が発信されているためで、それは主にアメリカの大学教授・研究者による先行研究の論文発表によるものです。それらを日本の学術界やメディアがトレースして発信し、大企業が学習して追従し、実行しようとしているのです。

夜明け前

本書では、第3章以降に10社の事例で示す通り、先行研究に依《い》拠《きょ》せずとも中小企業でイノベーションは実現可能であり、それら中小企業の事例に大企業も学ぶべきという立場で進めていきます。

国（経済産業省）は、２０１９年（令和元年）10月に「日本企業における価値創造マネジメントに関する行動指針」をイノベーション１００委員会の取りまとめで公表しました。大企業がイノベーションを創出するために必要となる指針が的確な現状の課題認識の元に取りまとめられており、大企業にとって参考となる資料です。

一方で、本書はその前段となる、大企業にも中小企業にも共通する潜在的で根源的な課題を抽出し、その解決の方策を示してイノベーションの創出に役立てて欲しいとの想いで、私の長年の産業振興の現場経験を元に書き進めるものです。

オープンイノベーションを推進していく上で「ピラミッド型」産業構造を基盤にしていては、各社が強みを発揮することは困難です。ウィン・ウィン（win-win）の関係は、中立・公平・公正に対等な立場で関係を構築して、連携していかなければならないからです。

「垂直統合から水平分業へ」とは言い古された言葉で、電機／ＩＴメーカーではすでに進行しています。そこでは対等であるがゆえに、完成品メーカーとＥＭＳ（受託生産会社）の立場が逆転するといった厳しい現実に企業はさらされ、どの事業領域を担って開発を進めるかが、最も重要な懸案事項となります。

産業構造を「ピラミッド型」から「コンパイル型」へシフトせよ

このような事態を前提として、オープンイノベーションは進められなければなりません。この際に必要となる産業構造基盤は「ピラミッド型」ではなく、「コンパイル型」であるべきだと私は長らく提唱しています。

なお「コンパイル」とは、建設用語の「矢《や》板《いた》」を意味しています。矢板とは、建築の基礎工事や掘削、護岸工事などで土砂の侵入や

図表1-1　転換が求められる産業構造基盤

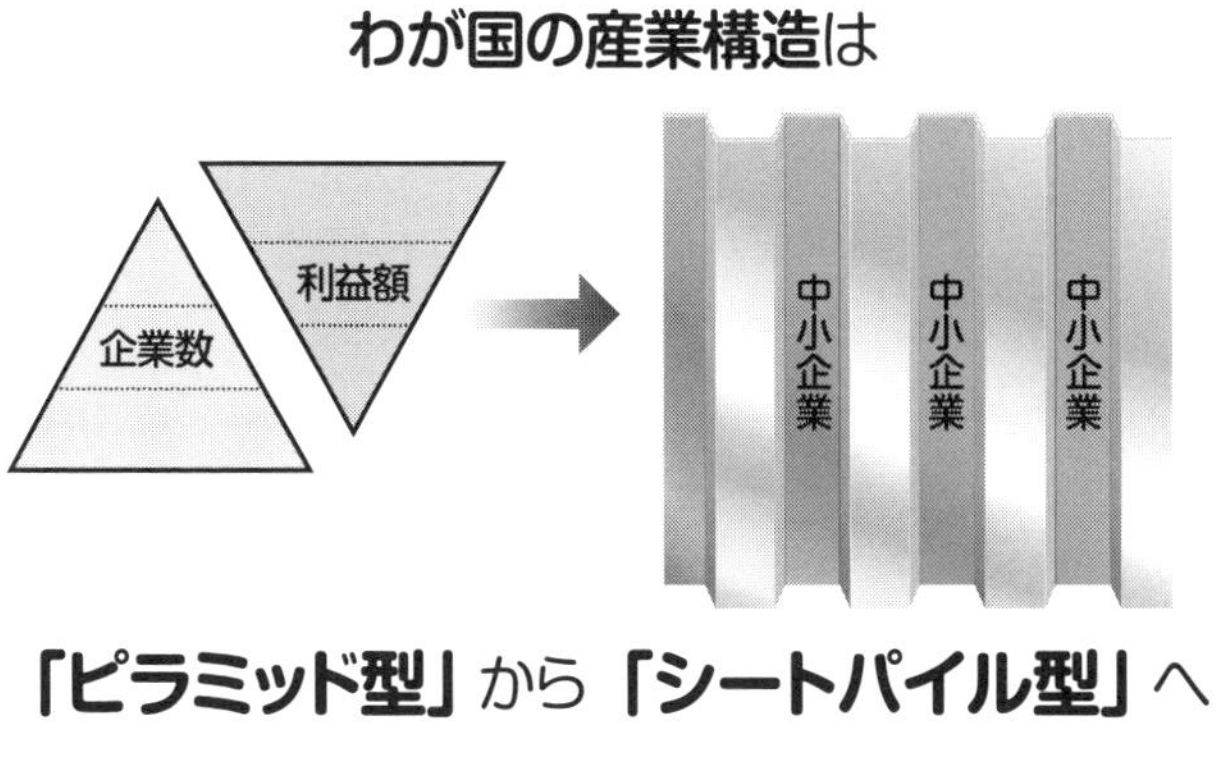

筆者作成

崩壊を防ぐために境界線上に打ち込む板状の杭のことです。長い板の1枚1枚の強度は十分あっても、単体の1枚では役割を果たせません。それが横につながってこそ、その役割と機能を確実に発揮するのです。

外部環境の変化や競争環境に適応する。または、抗って立ち向かうとき、連携する企業がそれぞれの強みを発揮すると同時に、「イノベーション＝新しい価値を生み出す」際に遭遇する、あらゆる苦難とコストを対等に背負って負荷を耐え忍びます。それはまさに、「矢板（コンパイル）」が土木工事の現場で果たす役割と同じです。

イノベーションの結果として得られる果実（事業の成果＝利益）も同等に配分されて然るべきです。オープンイノベーションに「プロフィット・シェア」の概念がなければ、「コンパイル型」の産業構造基盤を形成することは困難となります。

人材の流動化で求められる「人と組織のルール」や「制度」の変更

大企業では、それぞれ入社時の期待値を元に既定の出世ルート（キャリア・パス）をたどる、もしくは飛躍的に業績を伸ばした個人の実績を元に、責任ある役職を担って部下を牽引してさらに業績を向上し、出世街道を登っていきます。

時間をかけて社内事情を習熟し、対外人脈を構築し、時に摩擦軋轢が生じる上下関係を克服して、職務経験の階段を一つひとつ登っていくのです。社内階級の出世には、業務の専門性よりも社内交渉能力などの多様性が求められます。採用時においては「組織に忠実であること」が最も重要な職務能力要件とされます。

終身雇用を前提とした企業の人材育成のしくみは、いわゆる「雑巾がけ（下積みの辛い仕事）」からはじまります。非効率であったり、不条理であったりすることを前提とした手《て》練《れん》手《て》管《くだ》の社内交渉術の習熟、必ずしも業績向上に直結しないジェネラリスト（総合職の知識）養成のための教育カリキュラムの修得が求められます。

中長期の視点で人材育成に当たってきたこのしくみは、日本の企業競争力を高める盤石な制度として誰もが認めてきましたが、いまやレガシーシステム（ＩＴ用語で、時代遅れの古いしくみ）であると揶揄されています。

その理由は、新入社員の離職率が高く、厚生労働省の調査でも２０１５年（平成27年）３月に大学を卒業して企業に就職した新入社員のうち、31・８％が入社３年以内に離職しているといったデータもあるほど人材の流出が激しいからです。

社員を育てようにも会社から若手がいなくなってしまえば、中長期の視点で人を育成しようとしてもできないのが現状です。中途採用も売り手市場と言われ、もはや専門能力を選考基準とした人材の流動化は歯止めが効かず、それを前提条件として、採用や育成、処遇など人と組織に関わるルールや制度を再構築しなければならなくなっているのです。

イノベーションの創出時に、オープンイノベーションで連携する企業がそれぞれの強みを発揮するためには、それらの強みを他社の追従を一切許さないほど先鋭化させ、迅速に最適な意思決定を続けていく体制を整える必要があります。

すべての機能を包括する大企業は、人員の採用、配置や処遇で「使命に忠実であること」にもっと重きを置き、意思決定のプロセスで専門性を高める必要があるでしょう。採用、育成、配置、処遇、評価、査定といった人事制度に関する基盤の再構築や組織風土の改革も進めていかなくてはなりません。

イノベーション創出がしやすい「役割等級制度」にする

終身雇用を企業の存続基盤とし、人の能力と成長への期待を大前提に構築されてきた人事制度が「職能資格制度」ですが、これは勤続年数とともに個人の職務能力が向上するという考え方を背景としています。

年功序列はその際たる例です。年齢が上がるにつれて職務遂行能力が高くなると無条件に判断することは、公平なしくみで一見良さそうです。しかし、それは実態と乖離しており、若手の労力をベテランが搾取している、やる気が醸成されない、といった指摘がなされていました。

「人に対して役職を当てはめて」、その人の能力と成長に期待して業績を待つといったしくみです。

これまで最適とされ、日本の強みを発揮してきた人材育成のしくみと人事制度は、人材の流動化が激しく、それぞれの企業が高い専門性を求められるようになったことで、不適合とみなされるようになりつつあります。

「役割等級制度」として、すでに企業での採用も進んでいますが、役職や役割を明確に定義して、「役職に対して最適な人を当てはめて、社内にいなければ社外から採用する」といった、これまでとは逆の考え方で人事制度を見直さなければなりません。そのためには、役割や等級ごとに基準書（ジョブ・ディスクリプション）を定義して臨みます。

もの知りだけでは経営はできない

イノベーションの創出には、環境の変化に敏感であるために「柔軟な発想」、ピンチをチャンスに変えるために「逆転の発想」が必要です。そして、過去にとらわれず判断するための「突き抜ける発想」と、自社の強みを発揮するための「原点回帰の発想」も必要です。

真のオープンイノベーションの実現に向けては、足りない経営資源を他社との連携で補うために「コンパイル型」の産業構造基盤を形成し、「プロフィット・シェア」の概念で連携関係を構築しなければならないことをともに考えてきました。

知的水準の高い人々が、イノベーションを学術的アプローチから概念的に理解し、これらの手法について忠実にトレースしたとしても、残念ながらイノベーションの創出は困難です。その理由は、経営判断の礎となっている潜在的な意識、顕在化しているルールや組織のあり方を変えなければならないからです。

与えられたルールや組織に忠実であることに長けている、大企業の人こそが苦手とする領域であると言えるでしょう。その点では、経営資源は確かに脆弱であっても、厳しい外部環境下で自ら英断を下すことで道を切り拓いてきた中小企業は、イノベーションの創出に適していると言えます。

松下幸之助翁の教えに、

「もの知りだけでは経営はできない」

とあります。それと同じく知識がいくらあっても、イノベーションの創出は困難です。イノベーションとは「新しい価値を生み出して、世の中に普及させること」なのですから、旧知の事実だけでは実現することが不可能であることは火を見るよりも明らかです。一方で、知識としてイノベーションやオープンイノベーションを知らなくても、中小企業でイノベーションの創出に成功している企業は数多くあります。そうした中小企業の取り組みの一部(10の事例)を抽出して、第3章以降では紹介しています。

過去の成功体験や好業績の幻影を追い続けていても、新しい道は拓かれません。「パラダイム・シフト」と言われるように、当たり前と考えてきた社会通念や規範、そして人々の価値観が非連続的に、かつ劇的に変化し、不可逆的な真実として私たちの目の前に立ちはだかっています。

イノベーションの創出をしようにもできないでいる私たちは、その対極にある存在であるとさえ言えるでしょう。第2章では、そうした状況を打破するために、イノベーションの創出を妨げる「見えない壁」の存在とその突破策について考えていきます。

夜明け前

第2章

「摩擦」「軋轢」といかに向き合うのか

「見えない壁」を壊した先にこそ成功がある

潜在的に存在する目に見えない壁

第1章では、激しく変化し続ける外部環境下で人や組織が変われない原因として、顕在化しているルールや制度が阻害要因＝ボトルネック（制約条件）となっていることに言及しました。第2章では、さらに深掘りして原因をさぐり、潜在的に人と組織の内面に宿る阻害要因について、人が属する組織の種別ごとに言及していきましょう。

その一例としては「ガラスの天井」があります。主に女性やマイノリティ（社会的少数者）のキャリアアップを阻む事象として、上に行こうとも見えない天井が遮って進むことができないことを表す慣用表現として用いられています。本章で言及するのは必ずしも上を目指すことばかりではなく、横のつながりについても関係するため、「天井」との表現を避けて「壁」としました。

私が長年に渡り関わってきた産業振興や地方創生の取り組みでは、「産官学金（産：産業界、官：官公庁、学：大学・研究機関、金：金融機関）」の連携が肝要であると言われてきました。「連携協定書の締結」などによって、形式的に体制を整えることはできます。しかし、その実態は表層的な議論に終始して形骸化してしまう、もしくは事後承認だけに収斂してしまうといった事例が散見されるのが実情だったりしています。

産官学金のそれぞれが果たす社会的使命は異なり、準拠している法制度も異なるため、組織のルールや制度を統一することは困難なことです。それでもなお、連携体として共通の課題を解決する、もしくは共通の目標に向かって邁進していくためには、それぞれの組織特性を理解した上で果たす役割を明確に規定し、理念や価値観を共有して目標に向かって邁進していかなければなりません。

そこで第2章では、その実現を妨げている「見えない壁」には、どういった要素が含まれていて、それらを克服するにはどうすれば良いのかについて見ていくことにしましょう。

イノベーションの創出を妨げる3つの「制約条件」

産業界が実現しようとするイノベーションの前段には、3つの壁があります。その1つめは、本当に実現可能なのか、科学的に立証可能かといった「現実の壁」です。

夢や理想を実現しようと人は、新たな事業を構想しますが、妄想に終わってしまう場合も多くあります。大企業では、組織の存続を自己目的化するなど、企業の論理が優先してしまうようなケースが見受けられます。中小企業では、収益確保の確証がないまま願望を実現しようとすることがあります。未知の領域であるがゆえに、意思決定するときに非科学的な判断がまかり通ってしまうわけです。

2つめの壁は、研究開発や商品化に際して直面する「資金の壁」です。大企業では、既存事業の収益などを新規事業へ投資することができます。しかし、経営資源が限られる中小企業では、この壁は目の前に高く立ちはだかっています。

先進性や独自性が見込まれる「技術開発型」案件には、公的な補助金や助成金が比較的容易に獲得できるように制度設計されています。しかし、対象や用途は限定的です。なお、近年この機能限界を突破するようにと、広い分野を対象とした育成型投資ファンドが整備されてきたことから、この壁の突破は次第に容易になってきました。

3つめの壁は、新たな商品やサービスの販売準備が整った上で直面する「市場の壁」です。いくら新規性を誇っても、まったく世の中にないものでは、人々に認知されず売れません。また、たとえ競争優位性が高くても、購入者が購入できる許容範囲の価格でないと売れません。

そして、販売を他者に依存していると、売ることはもっと困難になります。では、どうするのか。つくり手自身が情熱をもって主体的に販売にあたることで、消費行動を誘発するのが市場の壁を突破する鍵となるのです。しかし、技術開発型イノベーションの領域では、市場の壁への配慮が残念ながら最も希薄です。

また、特に大企業では、意思決定が多部署に渡って重層的になされるがゆえに、「市場の壁」が社内に存在しているケースもあります。設計や営業部門の現場で察知した鮮度の高い情報や、若く柔軟な発想、市場の要請に応える商品やサービスが次第にスポイル（台なしに）されてしまうといった事例が、残念ながら数多く見受けられます。

意思決定権者の多くは社内で長年の経験を積んできた、いわゆる内部事情に長けた人であって、「市場＝直接の消費者の意識、嗜好」と少なからず乖離《かいり》した判断をしてしまうことがあるという、大企業ならではの事情があるのです。

どうすれば壁は乗り越えられるのか？

日本の産業界は、ものづくり立国として冠たる地位を築いてきた過去の経緯から、現状の問題を発見し、解決の方策を検討し、着実に改善していくことに長けています。大量消費を前提として大量生産するものづくりの現場で、真摯な態度で取り組んできた「QC活動」や「改善活動」は、品質向上に絶大な効果をもたらしてきました。

しかし、完成品メーカーの量産工場の多くが海外に移転し、競合する外国企業が台頭してきた中で、その強みを発揮する機会は残念ながら激減しています。これから先は新たな強みを培って、その力を発揮していかなくてはなりません。

「未来予測」をしたらじっくり育てよ

ノーベル化学賞を2019年（令和元年）に受賞した吉野彰氏も「研究開発で一番重要なのは、未来予測だ」と指摘しています。その通りで、これから産業界に求められていることで、現時点で最も弱点と言えるのは、「未来を予想する目」なのではないでしょうか。

技術の動向や社会の要請がどのように推移していくかといった「時間軸の概念」が希薄であるために、外部環境への適応や競争環境への対処が疎かになっている事例が、家電メーカーのほかにも数多く見受けられます。技術開発がいくら最先端であっても、商品として普及しなければ社会的な価値は認められないのです。

中小企業では、未来の潮流に多少立ち遅れても比較的迅速に舵を切ることができますが、意思決定のプロセスが重層的な大企業では、そうはいきません。将来のあるべき姿を「未来を予想する目」で的確に予測し、これからの開発の方向性を決定して歩みを進めていかなくてはならないのです。

ものづくりの領域に限らず、これまでは既存のルールや既知の手法や方向性に準拠、もしくは模倣して来ればよかったのですが、これから先は自らが基準となるルールをつくり、自らが示す方向に向かって先導し、模範となることが求められているのです。

長年の現場改善などへの実直な取り組みから「問題解決型思考」に長けた私たちが、「未来を予想する目」を持つ「未来志向型思考」を得意とするようになるためには、相当の時間と訓練が必要です。

いくらイノベーションの必要性を声高に喧伝しても、手順や手法だけを模倣してみたところで、基盤となる人の思考や発想が硬直的であっては、到底イノベーションの創出は実現できないのです。第1章で発想の転換の重要性とその初歩的な方策について整理したのは、この「未来を予想する目」の涵養《かんよう》――つまり、無理をしないでゆっくり育てていく――ことが、私たちにとって根源的で危急な課題であるためです。

「感情」の整理が求められる中小企業の事業承継

大企業では、法令に準拠して整備された人事制度のもとで、「客観的な基準」と「手続き」によって、事業は次世代に承継されていきます。一方で、中小企業は「所有」と「経営」が不可分だったり、親子など親族間での「承継」が大前提であるといった要素を多分に含んでおり、事情は大きく異なります。

事業承継の際だけではありませんが、中小事業者の意思決定は、「感情」「恣意的《しいてき》判断」に左右されやすいという特性があります。資産をどう引き継ぐかといった税法上や手続き上の問題は解消できますが、事業を存続させていくための見えない壁は、ほかに存在しています。

事業承継とは、有する権利や義務を法律上そのまま引き継ぐことですが、中小企業では、経営判断や意思決定に感情が深く関わってきます。目には見えず、対処の方策も見えにくいがゆえに、第三者が関与する支援の場でも、その指摘が俎上《そじょう》に乗ることは稀です。しかし、事業承継を順調かつ的確に行っていく上で阻害要因になるケースも多々見受けられ、対処すべき最も大切な要素であると、私は考えます。親族間承継を主な対象事業者として、見えない壁の存在とその対処策について、ここで触れておきたいと思います。

まず、第三者による支援の場で「対処の方策が見えにくい」というのは正確な表現ではなく、「家族関係や感情の領域に深く立ち入ってしまうことからはばかられる」、と言うのが実際のところでしょう。そもそも親子間の先代社長と後継者がとても仲が良い例は稀で、だいたい何らかの軋轢《あつれき》があります。

先代と後継者が見ている景色は同じなのか

極端な例では会話を一切交わさなかったり、言い争いをしたりするものです。先代を偉大なる師匠と慕っている場合もなくはありませんが、反面教師であると認識する例も多いものです。後継者であることを幸せと感じる後継者もいれば、不幸なことだと考えるケースもあるのです。

私が支援に関わった事例で言えば、苦い経験をしたことがあります。原材料への高いこだわりが強みで、苦労を続けながらもスーパーマーケット向けに廉価で納品していた、ある町のこんにゃく屋さんでのできごとです。社長である父親の長年の苦労を見るに見兼ねて、自分の時代には高付加価値路線に舵を切ろうと目論み、公的支援を活用しながら息子は市場開拓を進めていました。父親は現状を否定されたと感じたのか、激しい口論となり、経理を預かる母親も父親の肩を持ち、社長候補の息子は家を出てしまった、という大事件になってしまったのです。

「会社は何のためにあるのか」親子で共有せよ

法的な手続きのもとに事業承継することとは切り分けて、事業を「継承」するとは、どういうことでしょうか。それは「想い」を継ぐことです。何を考え、なぜ事業を続けてき

図表2-1　先代にとって親子間承継に求められること

1. 親子の関係と言えども、一人前の大人であると配慮すること

2. 有能な外部人材を招聘したと仮想して、丁寧に応対すること

3. 服従させたいという欲望を抑えて、潔く譲ると覚悟すること

筆者作成

たのか。先代のこだわりを理解して共感してこそ、真の事業の継承は成し遂げられるのです。親子だからといって共感できるわけではない、時代の移り変わりがあって現代に適合しなくなっている、といった要素も関わってきます。感情だけでは解決できない事象については、話し合う必要があるのです。

事業を継ぐ3つのフェーズ

親族間で円滑に事業を継承するためには、感情の整理と意見の調整が求められているわけです。そのためには、手順を３つのフェーズ（局面）に分けて考えてみることです。

まず第一に、先代の「仕事」を実務的に引

図表２-２　後継者にとって親子間承継に求められること

1. 深く長く信頼のできる後継者の同志を、幅広く多く持つこと

2. 後継者であることの強みを活かして、人から信用されること

3. 感情の機微に配慮して、中心になることの大切さを知ること

筆者作成

き継ぐフェーズです。後継者は、古いやり方でも坦々と粛々と、一旦そのまま受け入れます。ここで感情の対立は起こりやすく、後継者は発言に注意が必要です。

記帳などの基本的な作業も、初心に立ち返って実行します。後継者が事業の実態を的確に把握するためです。その後、先代が築いてきた社会的信用を継承すべく取引先に挨拶まわりをします。社会的な信用は、一朝一夕では築けないのです。事業の継承で最も価値があり、先代に感謝すべきはこの点であるといっても過言ではありません。

第二に、先代の「想い」を心情的に受けとめるフェーズです。創業のきっかけ、軌道に乗るまでの苦労、大切にしている「想い」を聴き出して、真摯に耳を傾けて共感する態度を示しながら自社への理解を深めます。

先代経営者の承認欲求を満たすこのプロセスを経なければ、後継者が認められることはありません。労いと思いやりの精神で先代と対面し、何を言われても冷静な態度で接して距離を縮めていきます。

第三に、自分の「考え」を組織に落とし込むフェーズです。会社を支えてくれた従業員の心が離れてしまわないように、先代の「想い」を踏襲して急な方針転換は避け、その上で自分の「考え」を丁寧に伝えていきます。急な変更は精神的な抵抗を生み、変えていくために逆効果となってしまいます。

この段階になって初めて、「会社は何のためにあるのか」会社の歴史を踏まえて少しずつ提示し、納得のいく内容に取りまとめて理解を得るように仕向けていきます。感情に流されてしまっては、今の激しく移り変わる時代の波に打ち勝つことはできないからです。

「研究機関は先進性」「産業界は事業収益化」を優先する溝を埋める

企業間と国際間の激しい競争にさらされている外部環境の中で、先進技術のシーズを効率的かつ効果的に産業として確立して事業収益に結びつけ、持続的な繁栄を獲得していくことは危急の課題であり、大学や研究機関発のベンチャー企業が果たす役割は絶大です。

一方で、そうしたベンチャー企業がベンチャーたる理由は、科学技術の先進性や革新性にあることが多く、理科学系の研究者が主体となって研究室を出発点に企業としての一歩を踏み出す結果、いやがうえにも技術（開発）偏重の企業にならざるを得ないという運命を背負っています。

夜明け前

そこには、研究者として先端科学技術の研究開発に対する「あくなき探究心」「ひたむきな努力」が存在しています。しかし、市場に受け入れられる形で製品化し、量産化を進めて経営を軌道に乗せようとする「事業推進力」に関しては、希薄である場合が多いのが実情でしょう。

また、ベンチャー企業を取り巻く環境に目をやると、若い世代の意識はようやく変わってきました。しかし日本は戦後、経済復興を政府が主導し、大企業が推進してきた護送船団方式の名残りからか、親の世代にはまだまだ「大企業へ就職することが美徳」という意識や風潮が存在しています。

さらには、突出した成功を収める者に対する妬みの感情、起業家に対する冷ややかな視線、社会的な地位が低いという認知、一度事業に失敗したものが再度挑戦することに対する社会インフラの未整備、そしてメディアや社会通念によるレッテル貼りなど、起業へのハードルは高いのが現状でしょう。こうした中で、技術シーズ(事業化、製品化の可能性のある要素技術やノウハウ)を発信する大学の研究室を出発点として事業化を推進していこうとするベンチャー企業は、競争が激しく参入障壁の高い産業界の荒波に揉まれ、時として次のような産学間に存在するギャップにさいなまれることとなるのです。

①産業界の認識は、先端科学技術はその「事業収益化が第一義」であるのに対して、大学側の認識は、「先進性」「新規性を有する要素技術」の研究自体が目的である。
②企業は会計年度の時間軸で経営し、短期間で一定の成果（投資の回収）を必要とするが、大学では基礎研究とその検証に長時間を要し、論文発表が主たる成果である。
③企業が研究開発費を負担することは経営上コストであり、これを上回るリターンを求められるが、大学では純然たる活動原資であり、利益創出の概念はなきに等しい。
③企業は社会の要請から商品・サービスを開発するが、研究者は個人の興味・関心から自らの取り組むテーマを選定して、先行研究に対する新規性を探求の本分とする。

立場が違うからこそ起こるイノベーション

産業界においては、経済合理性を追究して実践することで、期間内の利益確保（それによって実現される社会貢献）を存在の第一義としています。一方で、大学や研究機関は技術の先進性や独創性、論理の整合性などを探求・検証の対象としており、理論的な裏づけとその証明を第一義としていることに、両者のギャップは起因しています。

大学・研究機関を起点としたベンチャー企業は、「市場の壁」を突破するための市場開発コストを見込み、その解決を担う人材や方策を内包、もしくは外部調達して事業を推進していかなくてはならないのですが、実際のところ軽視されています。

さらには、こうした特性の異なる2者を連携する大学内の産学連携部門が、ポスドク（博士課程を修了した非常勤職員）などの研究者人材によって担われており、産学の連携にまつわる課題解決能力に疑問が残るといった課題も散見されるのが現状です。

このようにお互いの立場や社会的使命が異なる2者が、起業（ベンチャー企業の創出）という架け橋で結ばれるとき、現実問題として数々の壁にぶつかり成長が停滞する。または、市場からの撤退を余儀なくされるケースが数多く存在しています。私が大学院で研究したテーマは、まさにこの点でした。

修士論文は「ベンチャー企業はなぜ、日本で成長しないのか？——イノベーション創出時における制約条件の解消に向けて」と題して電子出版しましたが、当時の知見だけでは明確なソリューションを示すことはできませんでした。ビジネスモデルとイノベーションを研究領域として、２０１１年（平成23年）に名古屋大学大学院を修了後は、キャリアを積み重ねる中でそのソリューションを探し続けてきたのです。

私が大学院経済学研究科を修了した国立大学法人名古屋大学では、現在、未来社会創造機構オープンイノベーション推進室が先導役となり、従来の機能限界を突破するべく、ダイナミックな産学官連携の革新が行われています。

オープンイノベーション推進室は産業界人材が中心となって、名古屋大学の研究成果を社会実装に結びつけるためのプロモーション機能を担っています。世界のものづくり産業界と直結して、競争領域を中心とした大型共同研究のマネジメントを可能とする体制を構築し、社会実装を目指す次世代産業の提案に取り組んでいます。

公的機関が抱える「課題解決」は急務

私は6年間、産業振興分野の公的支援の場で、経営コンサルタントの視点として違和感を抱いていました。民間の企業人からは到底想定すらできない、見えない3つの壁が重層的に存在することに気づき、やがてそれは確信に至ったのです。

そもそも組織が業績向上を図るときに、定量的な数値目標を定めてその達成を目指すのは当然です。一方で、実現を妨げる要因＝制約条件に着目して解消を目指すこと、合わせて定性的な指標を持つことも中長期的な視点でとても重要です。こうした事象が公的機関では表層的にのみ語られています。

3つの壁の1つめは、地方公共団体は部署の異動も早く、課題に直面してもどうすれば良いのかわからない、ノウハウがないからできないなどの特性によって直面する「知識の壁」です。知識がなければ過去を知り、現在を診断し、未来を見通すことができません。

今、求められる「中立」「公平」「公正」の視点

この壁を突き破るためには、中長期的視座で現業に責任を持つ、「中立」「公平」「公正」な視点で知識を体系化する、数値定量的な価値判断基準で物事を評価する、学ぶことを忌避せず実直な姿勢で新しい事象に取り組む、的確に情報を網羅して後任に引き継ぐ、といった姿勢が必要となります。

2つめの壁は、新しいことは苦手である、前例を変えることは忌避したい、などのいわば保守的で硬直的な思考特性によって直面する「意識の壁」です。本来、知識が備われば課題解決の方策は見えてくるものなのでしょうが——。

しかし、地方公共団体を職場として選択する個人の根源的な基本姿勢とも相まって、現実を直視することを避けてしまったり、実数を割合に変換して印象を操作しようとしてしまったりと、人の心の中に宿るホメオスタシス（恒常性の維持）の本能も働いて、最も根深く、とてもぶ厚く立ちはだかる深刻な壁が存在しているのです。

３つめの壁は、部署別に事業費が予算化されていて縦割りであり、基本的に決算の概念がなく成果が評価の対象とならないなどの特性に起因する「組織の壁」です。地方では優良な企業が少なく、安定した就職先として地方公共団体が存在します。

優秀な人材が集約する一方、前述のような思考特性や基本姿勢から、課題に直面すると脆弱な一面が露呈します。表層的な議論に終始して結果にコミットせず、重要課題の方策立案を外部に依存しています。真のイノベーションを実現していくためには、これらの制約条件を解消していくことが肝要です。

組織の壁は根深く、そこにも3つの壁がある

組織の壁は、地方創生カレッジの現代経営学研究所（神戸大学大学院経営学研究科）による『D

ＭＯ特別講座』で、健全な成長を妨げる３つの壁が潜在的に存在していることが指摘されています。その引用からさらに分析を進めましょう。

１つめに立ちはだかる壁は、「行政区域間の壁」です。予算が行政区域単位、部門単位で縦割りに組まれていると、観光などの広範囲な地域と分野を包括している事業を遂行する際に、圏域や部門間を横断的に活動することがむずかしいというものです。産業振興の場面においても、同様の壁に幾度となく遭遇しました。

次に立ちはだかる壁は、「行政と民間の壁」です。民間は自社の事業収益を源泉として新たな投資に仕向けます。行政は事業予算を組んでその執行を推進しますが、その財源は税金や交付金であり、そこに事業収益を確保する発想はありません。

行政による公共の利益や福祉の理念と価値観が、時として民間による経済合理性への準拠の論理と乖離して問題点として指摘される事案も、官と民を金銭でつなぐ補助金などで散見されます。本当に必要とする事業者へ行き渡ることなく、申請が通りやすい事業者に応募を勧め、支援するなどの場面に遭遇しました。

もう１つ立ちはだかる壁は、「既存団体との壁」です。産業振興の分野では、私が関わったよろず支援拠点と並立して商工会や商工会議所、そして県や市の産業振興センター（通称）が、さらに最近は市や町が単独で予算化した経営相談窓口が存在します。

危機意識が自分事でない地方の意識を変えよう

本来の目的や存在意義は、産業経済を振興しようとするもので、何の疑いもなくそれはどこでも共通しています。しかし、実態として対立の構図が生じていて、組織の存続と権限の維持が自己目的化しているとの感覚を抑えることができませんでした。事業の合併や買収で、大企業ですら事業をリストラ（再編成）する民間とは事情が大きく異なります。

官公庁にとってのイノベーションとは、少子高齢化や過疎化で疲弊する地方公共団体のあり方の変革であり、現在は「地方創生」が大命題として取り組まれています。国の「まち・ひと・しごと創生総合戦略」において、少子高齢化、人口減少、東京圏への人口の過度の集中といった項目が根源的な課題として挙げられています。

そのいずれの要素も著しい改善の傾向を見ることができないと指摘されています。当事者として、産業振興や地方創生の現場に関わったひとりとしては、国が考えるほど地方は危機感がないのではないか、との印象を受けました。

行政は意思決定時に「民意を反映するしくみ」をつくれ

私は日本生産性本部コンサルティング部の経営コンサルタントとして企業コンサルティングを担当したのち、岐阜県で産業振興分野の公的支援の役職に就きました。常に中立・公平・公正な視点で「どうあるべきか」を考えて産業振興に関わってきたと自負しています。

この観点から、ここまで指摘している問題意識を持ちつつ、地方公共団体や公的支援機関との関係を構築してきたのです。地方自治は根深い問題を数多く抱えており、一朝一夕では解決に至らないものと深く認識していますが、だからと言って問題を先送りしたり、話題をすり替えてはなりません。

１９８８（昭和63年）～１９８９年（平成元年）にかけて、国の「自ら考え自ら行う地域づくり事業」（通称：ふるさと創生事業）で地方交付税を受給する全国の市区町村に1億円が交付されました。観光地整備などに投資して地域活性化に寄与した自治体もあれば、無駄遣いを指摘された自治体もありました。

「今、何をするべきか」「本来、何が必要か」といった地域の実態・実情に見合った計画を策定すべきところを、便宜的に「予算が獲れる」計画を過去の延長や他の模倣で立案してしまい、「自ら考え」なかったことが元凶であると指摘できます。

国と地方公共団体では、現状に対する認識や危機意識にギャップがあると感じることもありました。国は客観的な判断基準として、数値定量的に過去・現在・未来を俯瞰して、これからどうしなければならないかについて考え、法令を整備して予算を組みます。

一方で、すべての地方公共団体ではありませんが、なかば情緒的に物事を判断し、過去の延長線上や他の前例を踏襲して予算を策定します。根源的に解決するには、公務員に関する法制度や、予算策定のプロセスを見直す必要があるでしょうが、まずは意思決定の過程において、もっと深く民意を反映するしくみが必要なのです。

「中小企業のイノベーション」から大企業も学ぼう

ここまで大企業と中小企業がそれぞれ内包している、イノベーションの創出を妨げる「見えない壁」について深掘りし、その突破策について考えてきました。

第3章からは、私が2012年（平成24年）から長年、岐阜県内で産業振興に向けた公的

夜明け前

支援の場で出会い、側面的もしくは伴走型で支援し、見守り続けてきた10事業者の取り組みについて紹介していきたいと思います。いずれも小規模な事業者かもしれません。しかし、小さいながらも小さいなりに、イノベーションを創出してきた立派な当事者たちばかりです。

経営判断のあり方として大企業も中小企業のような小ユニット単位で、外部環境と対象顧客の変容に適合した的確な判断と弛まぬ努力、迅速な意思決定が求められています。業種・業態ならびに規模は異なっても、必ずあなたが経営判断するとき、そのプロセスがイノベーション創出の先進成功事例となる側面を有している事業者ばかりを取り上げています。

それぞれの経営者の想いと合わせて、事業の経緯と歴史的背景も紐解いた実話で構成しています。興味や関心のある事業、あるいは直接関係する業種から読み進めてくだされば と思います。

さあ、10社のそれぞれの物語をいっしょに体験することにしましょう。

第3章

INNOVATION

飲食業の小さなイノベーション

夜明け

INNOVATION
CASE
1

グルメな若者や観光客でにぎわう「飛騨の話題スポット」に

「売り手よし、買い手よし、世間よし」を自ら実践！

［高山市］株式会社Tri-win

高山まちなか屋台村 でこなる横丁

スーパーマーケットの廃業に直面した３代目社長が、いかに新規事業に乗り出したのか。立ちはだかる壁をどのように乗り越えたのか。当時、何を考え、そこから何を学んでいったのかについてお伝えします。

INNOVATION CASE 1

「スーパーマーケット経営」が直面した2度の苦難

国内外の観光客で賑わう岐阜県北部に位置する高山市に、「高山まちなか屋台村 でこなる横丁」を運営する株式会社Tri-win（トライ・ウィン）はあります。先々代社長の祖父が、愛知県半田市の桔梗屋（呉服商を起源に戦後、生活衣料販売にシフト、物資困窮に対処すべく食料品の販売に進出。主婦の店グループとしてスーパーマーケットを出店）の外販部として高山へ赴任してきたことから歴史がはじまりました。高山市内に店舗を確保したことを契機に1963年（昭和38年）に「主婦の店 高山店」を創業したのが、法人の出発点です。

株式会社主婦の店 高山店は、祖父の代から先代社長の父親が引き継ぎ、食料品スーパーや衣料品店を高山市内の中心部や駅前に4店舗、北部に位置する神岡町と古川町（現在、飛騨市として合併）に各1店舗を展開するまで業容を拡大させていました。

過当競争の中で売上や顧客が奪われることに

「主婦の店 高山店」が、最初に大きな転機を迎えたのは1995年（平成7年）、阪神淡

夜明け

路大震災や地下鉄サリン事件などで世の中に社会不安が広がる中でした。小売業界ではディスカウントブームが起こった頃です。「主婦の店 高山店」はこれに呼応するかたちで、高山市内のスーパーマーケットの先陣を切って、「バリュー岡本店」を開店。地域最大級の店舗面積で、徹底した低価格化と生鮮部門の強化の結果、近隣の普段の買物客はもちろんのこと、周辺市町村にある業務店の仕入れ先としても、人気を博するほどになりました。

翌年には経営資源を集中するために、それまでの中・小型店を閉鎖して旗艦店に絞り込むことにし、主婦の店 高山店は、「バリュー岡本店」のみの単店舗経営となったのです。

その後、大手スーパーマーケットの飛騨高山地域への複数出店が展開され、地元競合店のリニューアルが進み、さらに近年には、ドラッグストアやコンビニエンスストアも大量に出店してきました。

こうした経緯から期せずして、飛騨高山地域は小売業の激戦区となり、ボーダーレスの低価格競争が時々刻々と激しさを増す環境下にさらされたのです。安くて当たり前と考える消費者の価格訴求に応えようと努力するものの、たまごや牛乳を1円で販売するといった奇策も功を奏することなく、過当競争の中で売上や顧客が次第に奪われていきました。

東海北陸自動車道など高速道路網の整備や、情報化社会の進展によるインターネット通販の拡充などの影響もあって、生鮮部門の強化による差別化も次第に優位性を失っていきました。

INNOVATION CASE 1

スーパーの業績は好調だが安売りで疲弊する毎日

株式会社Tri-win（前：株式会社主婦の店 高山店）の伊藤通康社長は、高校生の頃からスーパーマーケットを継ぐことを人生の選択肢として考えていました。神奈川大学経営学部に進学して経営について学び、卒業する年に会社を継ごうと父親に相談したことがきっかけとなり、大型店の「バリュー岡本店」がつくられたのでした。

伊藤さんは、魚貝類が豊富な金沢市内のスーパーマーケットに就職して1年ほど修業し、水産品に関する取り扱いノウハウや仕入れルートを修得したことから、「バリュー岡本店」は水産品に強く「バリューの魚コーナーは、おもしろい」と、好評を博したのです。

400坪規模のスーパーマーケットは、8億円程度の売上を確保すれば採算が取れるとされる中、伊藤さん(当時：経営企画室室長兼店長兼生鮮部部長)は経験をもとに手腕を発揮。最盛期の売上は32億円と優れた業績を創出しました。

ところが、約100人の従業員を抱え、「バリュー岡本店」の経営に邁進する中で、「このまま熾烈な安売り合戦を繰り広げ続けることで、誰が幸せなれるのだろうか？」と、疑問を抱くようになりました。生産者が疲弊し、卸売業者との関係も悪くなり、自社の採算も悪化していくのを目の当たりにして危機感を募らせていったのです。

誰もが幸せになれる「生産者直売所」をつくりたい

伊藤さんは2002年(平成14年)に結婚した頃から10年以上、安売りをずっと続けることで幸せになれる人たちはいるのだろうかと考え、悩みました。また、子育てを妻に任せ時間をつくっては、全国の新店や強豪店舗はもちろん、他とは異なる特徴的な取り組みをしている店舗を数多く巡りました。

その中でも特に強い興味を持ったのが、「生産者直売所」だったのです。各地に年商10億円以上の店舗がいくつも存在しており、小規模農家など生産者にもしっかりと光が当たり、自分も人の役に立てると感じられたことから「業態転換するならコレだ」と、次第に確信するようになっていきました。

競争が激化する中で日常業務を強化しつつ、地域最大の生産者直売所を開店したいとの想いは、次第に膨んでいったのです。心が揺れ動きながら伊藤さんは、3年の歳月をかけて計画を練り上げたのですが、当時のメインバンクと何度も交渉したものの理解を得られず、結局、断念せざるをえない事態となったのです。

一方で、このままの業態では明るい未来はない、自分も人のお役に立てていない現状のままでは納得がいかない、と閉店を決意。先が見えないまま2014年(平成26年)2月にスーパーマーケット業から撤退することにしたのです。

INNOVATION CASE 1

対面販売の八百屋は消え、セルフサービスのスーパーが主流に

スーパーマーケットは、総務省の日本標準産業分類で「百貨店、総合スーパー(細分類

「5611）」と、「その他の各種商品小売業―従業員が常時50人未満（細分類「5699）」に規模によって分類されています。

そして、経済産業省商業動態統計調査では、「売場面積の50％以上についてセルフサービス方式を採用している事業所であって、かつ売場面積が1500平方メートル以上の事業所」とされています。

また、そのうち「食品の構成比率が70％以上で、売場面積が250平方メートル以上の店舗」を「食料品スーパー」と定義しています。

今でこそ、棚に陳列されている食料品類を買い手がセルフサービスで手に取り、買物カゴやショッピングカートに入れて店内を回遊し、レジで一括精算するスーパーマーケットの販売方式は、当たり前となっています。

しかし、日本の生活習慣の中で培われてきた長い歴史では、商店街や市場などに残されていて、身近に接する機会がありますが、価格を交渉しながら対面販売で売り手が接客応対する八百屋の販売方式が一般的でした。

これがいつ頃、どのような経緯でこうした業態に転換されていったのかについて、紐解いてみたいと思います。

INNOVATION CASE 1

「主婦の店 ボランタリーチェーン」の原点とは？

日本の食品スーパーの第1号店は、１９５３年（昭和28年）11月に開店した、紀ノ国屋（東京都青山・桑原健社長）とするのが、通説となっています。その後を追って、１９５６年に丸和フードセンター（福岡県小倉・吉田日出男社長）がオープンし、のちに全国展開する「主婦の店 ボランタリーチェーン」の原点となりました。

この経緯でわが国におけるセルフサービスによる販売方式の導入と、スーパーマーケットの初期の発展に重要な役割を果たしたのは、キャッシュレジスター機を販売する日本ナショナル金銭登録機株式会社（現：日本ＮＣＲ）です。

同社は自社製レジスターの販売拡大もさることながら、当時、すでにアメリカでは小売業の合理化・効率化の方策として定着していたスーパーマーケットの事業モデルを紹介。日本の小売業の近代化を自社の使命と考えて、啓蒙啓発活動を推進していったのです。

この際に伝えられたのが現代小売業経営法（ＭＭＭ：モダン・マーチャンダイジング・メソッド）で、その7つの原則とは、

①セルフサービス
②ショーマンシップ
③低価格政策と高回転
④取扱商品の増加
⑤多店化政策
⑥商業施設の地方分散化
⑦信用販売

でした。

全国チェーン内で出店競争が激化し、やむなく解散

丸和フードセンターの吉田社長らによる主婦の店運動から主婦の店第1号店が誕生したのは、1957年（昭和32年）5月、岐阜県大垣市の醤油醸造業者によるものでした。第1号店が「立地条件が悪いとしても、安くて良い品をセルフサービス方式で売る」総合食料品店が成功することを実証したことで、主婦の店運動は急速に全国に広がってい

INNOVATION CASE 1

きました。

　のちに日本型総合スーパーの創始者として冠たる地位を築いたダイエーの中内㓛氏も、この第1号店を視察した上で、同年9月にダイエー第1号店を大阪・千林で開店したのでした。

　主婦の店という命名は吉田社長によるもので、取り扱う商品、食料品、日用品などは、すべて家庭の主婦層が毎日必要とするものなので、「主婦の店」としたのだそうです。

　大垣店の成功から1957年内に8店舗、1958年には27店舗が主婦の店の全国スーパーチェーンとして開店。しかし、理念を共有した精神的団結はありましたが、急速に300店にまで拡大した加盟店間での協定がなく、主婦の店全国チェーン内で出店競争が激化するなどして、1998年（平成10年）7月に、解散することになったのです。

　対面販売方式からセルフサービス方式へ、八百屋からスーパーマーケットへと業態革新する小売業のイノベーションが、神武景気（1954年12月から57年まで続いた景気拡大の局面）で日本経済が沸き立っていた昭和30年代に国内に広く伝播していきました。

　その中からジャスコ（現：イオングループ）やマックスバリュー、バロー、オークワなどが主婦の店から独自のブランドを確立し、今日に至っています。

夜明け

一方で、当業界は全体的に価格競争が激烈であり、ダイエーやヤオハンなど業容を拡大しながらも、現在は存在しないスーパーマーケットが、全国各地の中小の事例も含めて数多くあります。

スーパーマーケット業界は、厳しい低価格競争の中で鍛えられ、総合採算性を確保するための係数管理能力や合理化・効率化の視点に長けているという特性＝強みを有しています。

しかし、共働き世帯や単身者の増加から中食(弁当や惣菜など)市場が拡大したことや、人口の少子高齢化や消費税引き上げにともなう可処分所得の減収などを背景とした低価格志向など、消費者ニーズの変化にさら

図表3-1　小売業態別の飲食料品販売額増加率(2018年対前年比)

飲食料品の流通経路は多様化しており、ドラッグストアの伸長が対前年比9.5%と最も著しいことがわかる。一方で、百貨店の飲食料品販売高は、対前年比 -2.7% と低下している。

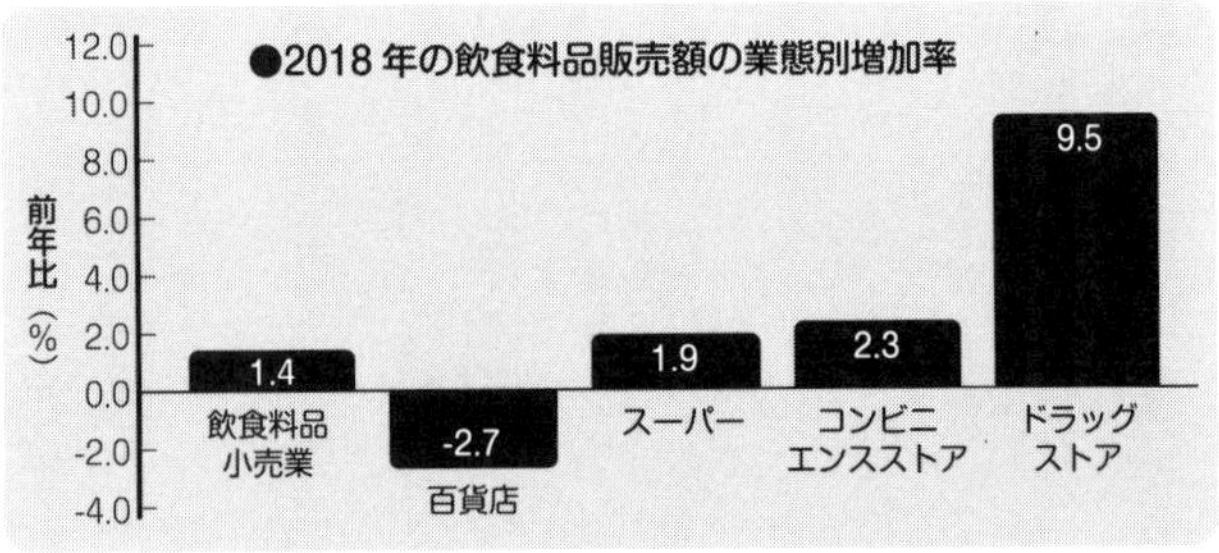

※経済産業省「2018年小売業販売を振り返る」より抜粋

されています。
さらには、大型ショッピングモールやドラッグストア、コンビニエンスストアなど他業態との垣根を越えた激しい競争にも直面しているのです。

INNOVATION CASE 1

「スーパーマーケットからの撤退」を家族に表明

スーパーマーケット業界に明るい未来を見出せなくなっていた伊藤さんは、生産者直売所のオープンに向けた改装工事に必要な金融機関との融資の交渉が遅々として進まない中、２０１３年（平成25年）の秋頃には、撤退を強くイメージするようになっていました。しかし、従業員には悟られないように元気に振る舞い、現場の士気を下げないよう新たな特売策を打ち出したのでした。

例年通り、年末商戦も戦い抜きました。ですが、伊藤さんは店を空けることが多くなり、幹部会議の内容が漏れ聞こえてしまったこともあり、次第に撤退の噂は広がっていったのです。

当時の中期計画は撤退案を含めており、外部関係者との交渉を進める経緯で、ちょうど年末商戦の直前に店舗建物と運営の引き受け手が見つかり、従業員の一部引き受けも了承を得ることができました。

そこで伊藤さんは、正月に家族が集まる中で撤退を決意表明。新年営業開始後の1月初めに社内発表。勇気ある決断で撤退を表明したのち、それまで熾烈な競争を繰り広げていた近隣のスーパーマーケットの社長や人事部長に頭を下げてまわり、従業員の引き受けをお願いし、ひとりでも多くの従業員の働き先を確保するために奔走しました。

「業態転換を考えること」が危急の課題という気づき

「主婦の店 高山店」の先行きが決まらないまま、従業員とその家族の未来はしっかり確定しなければならないと、当時の社長とともに奔走し、家族の支えと従業員の理解もあって決断から2カ月で撤退＝閉店は完了しました。閉店の日が過ぎ、つい先日まで活躍していた店内の機材や備品類が次々と搬出されていきます。

それらの多くがゴミになってしまう瞬間を目の当たりにして、伊藤さんは心がボキッと折れたことを痛感したそうです。引き渡しの日までひとり残って店内を掃除する姿は、訪ねてきた知人も心配するほど、憔悴《しょうすい》しきった姿だったそうです。

関係する多くの人々に迷惑をかけてしまったことを深く反省して明るい気持ちになれない中、撤退後の残務整理や挨拶まわり、決算準備と忙しい日々が続きました。このタイミングで伊藤さんは父親から社長を引き継ぎ、改めて冷静になれたことで、業態転換を考えることが危急の課題であることに気づきました。

閉店後は壁も薄く暖房器具もろくにない、工事現場にあるような仮設のプレハブ小屋を事務所にしていました。真冬の高山の極寒に耐えながら再起を期すべく、過去の反省点とこれからのあるべき姿について、ひとりで整理を進めたのでした。

夢を叶える場として「屋台村開発」を決意

生産者直売所の構想は絶たれましたが、夢に向かって輝いている人を応援したいという気持ちや、誰かのお役に立てていることを感じ続けたいという伊藤社長の願望は消えませんでした。

そこで新しいチャレンジを小さなお店でも光が当たりやすいステージ、新規開業のさまざまなリスクや各種の負担を軽減し、夢を叶えやすくするための場づくりとして、「屋台村開発」に設定したのでした。

もともと屋台村への想いがあり、高山市内の中心市街地に自社のスーパーマーケット跡地を所有していたことから、場所は容易に準備できることが見えました。

しかし、屋台村を展開するための知識やノウハウは無に等しく、先代社長とふたりで協議して計画を立て、参考になりそうな各地の屋台村へ足を運び視察してまわることにしました。

いくつかの屋台村を視察した中で最も印象的であり、伊藤社長が将来を確信して決断に至らしめたのは、福井県あわら市の「あわら温泉屋台村湯けむり横丁」です。家業のかまぼこ製造業を営む傍ら、屋台村事業の責任者を務めていた藤田忠氏から、すばらしさやおもしろさ、辛さ、さらに実現に向けた留意点や開発秘話まで事細かに説明を受けることができたのでした。

実際にお客として「あわら温泉屋台村 湯けむり横丁」を訪ねてみて、各店舗の店主の話を聞いてみると、みんな表情が明るく夢に向かって輝いており、接してみて直接、人生の楽しさや幸福感を感じ取ることができました。

INNOVATION CASE 1

「事業を起こす」ためにメインバンクを変更

手元に残っているのは、借金と店舗用地として所有していた土地のみという状況でしたが、伊藤社長は、この屋台村事業こそが次に取り組むべき事業であることを確信したのです。意を決して事業計画を策定してメインバンクに持ち込みましたが、やはり理解を得ることができないまま、資金獲得交渉は難航して時間だけがむなしく過ぎていきました。

またしても苦難の壁に突き当たった伊藤社長ですが、屋台村開発にかける信念と情熱はまったく削がれることなく、計画していた２０１４年夏の開業は諦めたものの、友人からの勧めもあって、メインバンクの変更に踏み切ることにしました。

早速、新たな取引先となる金融機関の融資担当者と面談を進めたところ、話に耳を傾けてくれる態度や空気そのものが、これまでのメインバンクとは、まったく異なることに伊藤社長は大きな感銘を受けました。今までの悔しさとその日のうれしさから、融資はまだ決まっていないにも関わらず、家に戻ると感激で涙したのでした。

地域活性化の「第1号ファンドの出資先」に選定

新しいメインバンクと協議を重ね、およそ1年を費やして屋台村計画は実行段階へと進展することとなりました。昨今、金融機関は融資するだけでなく、中小企業の経営支援にも取り組んでいます。また、経営者にとって資金調達の方策は融資に限らず、多岐に渡るようになっています。

今回のケースでは、綿密な計画策定のもと地域活性化に資すると評価され、株式会社地域経済活性化支援機構（REVIC）と新たなメインバンクの飛騨信用組合による「地域産業活性化ファンド（飛騨・高山さるぼぼ結ファンド）」の第1号投資案件として、出資を受けることができました。

企業が新たな事業をはじめるにあたっては、その収益性が一定の確証を得ていても「資金の壁」に直面します。民間の金融機関は新規事業へのデューデリジェンス（事業や財務の査定）が困難であること、ベンチャーキャピタルは短期でキャピタルゲイン（資産価値向上による売却利益）を求める性格であることが、利用者にとって不都合な場合があります。

また、話題のクラウドファンディングは、市場が未成熟で機能は限定的です。そこで、

INNOVATION CASE 1

中立・公平・公正な社会インフラとして、育成型の投資会社が政府系を中心に整備されるようになってきました。

地域課題を解決する方策も考えた盤石なものへ

第三者の出資を受けることで屋台村の事業コンセプトは、客観的にその存在意義を俯《ふ》瞰《かん》することができ、

①人の流れを変え、屋台村の周辺地域に人を呼び戻し、活性化させる
②高山観光の新しいスポットとして、飛騨の食文化を外部に発信する拠点とする
③観光客のみならず地元民の利用により、継続的な人の流れと潤いを生み出す装置となる
④観光客にとって夜の新しい観光スポットになることで、滞留時間の確保と周辺商店街の活性化を見込む

という地域の課題を解決しようとする方策も含んだ盤石なものとなりました。

飛騨高山地域はテレビでよく取り上げられている通り、古い町並みや伝統的な祭り、

近くに温泉地など恵まれた自然環境があることから、国内外の観光客で賑わっている街として有名です。

しかし、住んでいる人々に目を向けてみると、高校を卒業すると進学や就職で多くの学生が流出してしまい、戻ってくることは稀です。所得水準も次第に低くなる傾向を示しており、地域経済は、決して楽観視できる状況にありません。人口の40倍超となる年間400万人以上の観光客が訪れていますが、所得水準の底上げに結びついていないのです。

新規事業の屋台村「でこなる横丁」がスタート

屋台村の命名にあたっては、飛騨高山の方言「でこうなる(大きくなる、成長する)」から取って「でこなる横丁」と名づけました。夢も、人も、出会いも、楽しさも、ここに来ると大きくなるという伊藤社長の熱い想いと強い願いが込められています。

ところが、その想いとは裏腹に募集をはじめてもなかなか出店希望者は集まらず、説明と勧誘に自ら東奔西走しました。私が中小企業支援の立場で伊藤社長と出会ったのはちょうどこの頃で、冷静で緻密な計画性と事業に賭ける熱い思いの両面を兼ね備えた優れた経営者というのが、第一印象でした。

１号店は当初のオープン予定から2カ月遅れの２０１５年（平成27年）９月、それまで勤めていた旅館で料理長の職にあった井上寿崇《としたか》さんが、自分の夢を実らせようと勇気ある決断を下して、「飛騨とらふぐ・天ぷら寿天《としてん》」を出店することとなりました（飛騨とらふぐとは、飛騨市で養殖される特産品）。店舗が埋まらない屋台村で、家族の反対にも負けず淡々と準備を進める井上さんの姿を見て、伊藤社長は新しいスタートを切る同志として、店主に寄り添って屋台村を盛り上げていく決意をより一層強固なものとしました。

「売り手よし、買い手よし、世間よし」をかたちにする

その後は、伊藤社長の熱い想いに共感して、また開店早々から大人気店となった寿天の繁盛する姿を目の当たりにして、出店希望者は増えていき並々ならぬ努力はようやく報われることとなりました。オープンセレモニーがテレビで取り上げられたことや、観光客が宿泊するホテルの部屋などにチラシを設置してもらえたことが、知名度の向上と

集客の助けとなりました。

また、屋台村の店舗の配置を的確な発想に基づき計画的に設計し、楽しく回遊できる街づくりが完成したことで、人気の観光スポットとしての地位を短期で確立することができました。

企業理念に「三方よし」（近江商人の経営哲学で、「商売において売り手と買い手が満足するのは当然のこと、社会に貢献できてこそ良い商売と言える」という考え方）を掲げる伊藤社長は、屋台村開発で納得のいく一定の成果を挙げられたことから、２０１９年（平成31年）２月に社名を「株式会社Tri-win」に変更。

「夢ある人の輝けるステージづくり」は「売り手よし、買い手よし、世間よし」の三方よしを実現する環境を整備すること。この事業方針を全面に打ち出して、新たな一歩を踏み出す伊藤社長の決意表明となりました。

出店者の夢を実現できる環境を整備する

スーパーマーケット業界から勇気ある撤退をして、２０１９年（平成31年）２月で丸５

年が経過しました。6月には屋台村開発で受けたファンドによる投資支援も完了し、元号が変わった区切りの年に伊藤社長は次なるステージへと踏み出しました。

その取り組みは、日本の伝統芸能・無形文化財を中心としたパフォーマー(演奏家)を集め、外国人観光客をメインターゲットとして舞台で披露するというもので、「でこなる座」と命名してスタートを切りました。飛騨高山地域の新しい人気の観光スポットに育て上げることが、次なる目標です。

新たな事業としてはじめた「でこなる座」では、

①技を披露できる場所が欲しい
②披露した技で拍手を浴びたい
③できればその技で稼ぎたい

といったパフォーマー(演奏家)の夢を実現したいと考え、覚悟を決めて彼らを従業員として雇い入れ、ともに試行錯誤しながら熱い舞台の演出に創意工夫を凝らす日々を送っています。劇場の選定では近年、官主導で設営され、とても苦戦していたフードコート「イータウン」を舞台に改修して活用することで、有効に活用できるよう手を差し伸べて、地域の課題解決にも貢献しています。

飲食店の7割が開業して3年で廃業という現実

飲食店を開業したいと考える腕自慢のオーナーは、手料理でもてなすことが自己目的となり、自分がつくった料理でみんなを喜ばせたいと考えます。材料にこだわり、調理にこだわり、盛りつけにこだわり、食器や内装にこだわるがゆえに、スタート時から高コスト体質を抱えがちとなるのが一般的です。

日本政策金融公庫がまとめた「新規開業パネル調査」における業種別廃業状況を調査期間の5年間(2011〜2015年)で見てみると、飲食店・宿泊業の廃業率が最も高い18・9%であり、「参入しやすいが、失敗もしやすい」業種特性があります。

開業して2年以内に約半数の飲食店が閉店し、開業3年では約7割が廃業しているというデータもあります。そうした厳しい現状を鑑み、伊藤社長はスーパーマーケットの経営で鍛えられた高い係数管理能力を強みとして発揮し、「低コストではじめられ、夢の実現により早く近づける飲食店オペレーションの姿」とはどのようなものかについて検証し、実地に活かすようにしています。

自社負担で屋台村に出店して店長を雇うなどして、利益を上げられる店舗経営をシミ

ュレーションし、出店者が安心して「夢の実現に向けて頑張れる環境」を整備していま
す。

INNOVATION CASE 1

「経営をまっとうする」のがトップの役まわり

整備された環境の中で、際立ったコンセプトの店舗として「山の幸うり坊屋」という
ジビエ（狩猟で得た天然の野生鳥獣の食肉を意味するフランス語が起源）料理店が誕生しています。
父親と子ども3兄弟が全員ハンターの資格所有者で、猟ってきたイノシシや鹿、熊など
を鮮度が高いまま自社の工房でさばいて商品化し、でこなる横丁の店舗で直接食べても
らうというものです。

時には母親も店舗の手伝いにやってくるので、まさに家族一丸となって取り組んでい
る生産者直営店であり、ジビエは臭くて硬い、という悪い評判を覆す人気店となってい
ます。

中小企業の経営者はとかく独断専行になりがちで、経営方針も独りよがりになってし

まう傾向があります。また、ことに予期せず経営状況が悪化してくると、周りが見えなくなって冷静な判断ができなくなってしまうものです。

自己の経営責任を問わず従業員を怒鳴り散らしたり、新規事業をはじめると称して無謀な設備投資に走ったり、唐突に違う事業領域に進出しようと奇抜な発想を持ち出して現実逃避してしまったりと、困った経営者の姿を列記したら枚挙にいとまがありません。私も長年の経営支援の場面で、そうした経営者に何人も遭遇しました。

難局を乗り越えて学んだ「他責にしない」ということ

資金調達の側面から中小企業を支えるべき金融機関は、過去の実績、現在の業績、担保など財務面での数値定量的な指標を判断基準とすることから、業績が悪化して低迷する企業への融資には消極的になってしまいがちです。

財務的な裏づけで金融機関を説得できる材料が手に入りにくい局面に立たされ、事業を存続させることに固執して公的支援にすがる経営者が数多くいる中、伊藤社長は将来のために何をすれば良いのかを常に考えています。そして、勇気ある撤退を踏まえて難

INNOVATION CASE 1

局を乗り越ようと心血を注ぎ、新たな資金調達先と新規事業展開への道を自ら切り拓くことに成功しました。

「主婦の店 高山店」の経営で数々の苦難を乗り越えてきた伊藤社長は、ピンチをチャンスに変える「逆転の発想」と持ち前のひたむきな姿勢で、地域の景況に流されることなく「三方よし」の企業理念のもと、外部環境の変化に先行して経営方針を慎重に判断して即実行に移してきました。

漫然とした態度で自分は何もせず、悪いのは世の中の責任と言わんばかりの何でも「他責（他人を責めること）」の経営者が散見される中、厳しい現実でも直視して受けとめ、自らの責任で企業経営をまっとうしようとする姿は、まさに経営者の鑑と言えるでしょう。

夜明け

INNOVATION CASE 2

夫婦二人三脚で営む「総座席12席の中華料理店」の果敢な挑戦

外国人が選ぶ「人気の日本レストラン」ランキングで堂々1位に

［高山市］中国風食事処　平安楽

外国人観光客への「おもてなし」

代替わりの頃から飲食店の数も増え客数減に苦悩する中、いかに外国人観光客が殺到する飲食店に変身することができたのか。家族経営で賄う小さな飲食店の成功の舞台裏を明らかにして、「おもてなし」の真髄を探ります。

INNOVATION CASE 2

店を開けるものの客足が途絶える厳しい現実

高山まちなか屋台村「でこなる横丁」と同じ高山市内、室町時代中期に建立された本堂と樹齢1200年を超える大銀杏が見どころの、高野山真言宗の寺院「飛騨国分寺」と国分寺通りをはさんだ正面に、中華料理店「平安楽」はあります。

先代の店主が東京オリンピックを翌年に控えた高度経済成長期の1963年(昭和38年)に、高山駅から5分と便利な場所に中華料理店を創業したのが平安楽のはじまりです。

現在は2代目の古田洋さんと奥様の古田直子さんが切り盛りする、総座席数12席(カウンターに8席と座敷に4席)の小さなお食事処です。

高山市の観光スポットとしては、古い町並み(上町、下町の三筋)が最も注目されていますが、その歴史は豊臣秀吉の命を受けた越前大野城主であった金森長近が、飛騨攻略を行った1585(天正13年)に遡《さかのぼ》ります。のちに金森氏が6代にわたって飛騨高山一体を支配し、高山城の築城とともに城下町の整備が進められ、当時の商人町が現在の古い町並みの元となったのです。

徳川幕府の直轄地として郡代役所が残る国史跡「高山陣屋」

江戸後期になると飛騨高山は、徳川幕府の直轄地(天領)となりました。江戸から来た代官や郡代が飛騨の政治を行った高山陣屋は、国指定の史跡として国内で唯一現存する陣屋です。

飛騨高山が天領になったのは、周辺の山々に豊富な森林資源や鉱物資源があったことによるもので、地場産業として木工業が盛んになったのも、この理由によります。冬は深い雪に閉ざされるこの地域の木工職人は、大工や家具職人として冬は出稼ぎに行きました。

また、明治から大正にかけての庶民の暮らしの中で、主に農家の副業として生糸生産が行われていましたが、生産性が低く、農家の娘たちは長野県の諏訪や岡谷の製糸工場に出稼ぎに行きました。その史実は文学作品『あゝ野麦峠』で紹介され、のちに映画化されて広く知られるようになりました。

先代が平安楽を開店した当時は、まだ高山市内に競合する飲食店も少なく、駅から近くて立地条件が恵まれていたこともあって、待っていればお客様が来るという恵まれた

INNOVATION CASE 2

時代でした。

１９６５年（昭和40年）に高山国体が開催されたことから、町並みや宿泊施設などの整備が進むこととなり、地元のお客様だけで十分に採算が取れて商売が成り立つ時代がしばらく続きました。しかし、やがて高山市内に飲食店が増えはじめ、ラーメンや定食を低価格で提供する店が近隣に出店するなど競争が激しくなり、次第に来店客が少なくなっていったのです。

結婚で幸せを手にした一方で商売のあり方に悩む

先代の父親から「店を継いで欲しい」と言われたことはありませんでしたが、現在店主の古田洋さんは、大学で理科系の学部に進学して有機合成化学を学び、岐阜市内の飲食店で3年間修行。そののち、ちょうど2人の弟子が抜けるタイミングで実家の平安楽に入りました。飛騨高山は高山ラーメンで有名ですが、平安楽で出すのは、普通の中華そばです。

父親を手伝いながら、このまま昔ながらの中華料理店を経営していても先細りしてしまうのではないか、との不安を抱きながらも確信の持てる解決策が見当たらないまま、厨房に立ち続ける日が続きました。

のちに人の紹介から出会い、現在女将の直子さんと結婚したことから、街の普通の中華料理店だった平安楽に、やがて転機が訪れます。短期大学の家政科と栄養科で学んだ直子さんは、将来「結婚するなら夫と一緒に仕事ができること」という想いを夢に、はじめは調理師として、その後は栄養士として3年ほど就職していました。

根っからの明るい性格で、前向きに何でも積極的にこなす性格の直子さんは、自分の知識と経験も活かせる上、穏やかな性格の洋さんとなら仕事も生活も上手くいくだろうと、一緒になることを決めたのでした。

直子さんにとって「夫とともに働く」という夢は、1997年(平成9年)に結婚して叶いましたが、お店のお客様は減る一方。中華料理店としてのあり方について頭を悩ませる日が続いたのです。その頃には、高山市内を訪れる外国人観光客も増えていましたが、洋さんは「外人さんは怖い、来て欲しくない」と言っていたという状態でした。

というのも、外国人観光客が日本料理店と間違って入ってきたり、英語の注文が聞き取れなくて出した料理に怒り心頭、お金も払わず出て行ってしまうといった事件や事故が頻発していたからでした。

それに洋さんは、大きなショックを受けていたのでした。しかし、直子さんは話に耳を傾けながらも、「外観はいかにも日本風の店構えで、英語の表記もないし、そもそも何のお店なのかわからないでしょうね」と冷静に分析していたのです。原因がわかっているのに、何も手を打たない訳にもいかず、苦肉の索として打ち出したのが英語の表記で「中華料理」「肉入り野菜炒め」「酢豚」「焼そば」と、店の前に貼り出すことでした。寿司や天ぷらを求めて入ってくる外国人はもう来なくなるだろうと考えてのことです。しかし、その考えは完全に間違っていたのでした。

INNOVATION CASE 2

「合理化経営」の大手中華料理チェーン店が勢力を拡大

中華料理店は、総務省の日本標準産業分類で大分類：飲食サービス業のうち、中分類：飲食店／小分類：専門料理店の中の「中華料理店（細分類「7623」）」に分類されています。

なお、中華料理店には上海料理、北京料理、広東料理、四川料理店、台湾料理、ぎょうざ店、ちゃんぽん店が含まれていますが、中華そば店、ラーメン店を専業とする場合は、別に分類（細分類「７６２４」）されています。

中国はその面積が東西南北に広大で気候風土も異なり、長い歴史の中で地域それぞれに得られる材料と調理方法の違いで、固有の食文化を培ってきました。

幕末の１８５９年（安政６年）に日本が鎖国を解き外国に向けて開港して以降、欧米人の通訳や貿易商の仲介役として中国から横浜にやってきた人々が、やがて中華料理店をはじめました。しかし、現在のように全国的な範囲で中華料理店が広まったのは、第二次大戦後と言われています。

中国に出兵していた第14師団が帰郷後に餃子を広めたことで、宇都宮が餃子の街と呼ばれるようになったのは、その一例です。また、中国大陸に入植していた数多くの日本人が帰国したことで、日本国内における中華料理の潜在的ニーズが高まったということも言えるでしょう。

戦後の復興から高度経済成長を成し遂げた日本はその後、日米貿易摩擦が深刻化していた１９８５年（昭和60年）にプラザ合意が締結されたことで円高不況となりました。そうした中で、飲食店は従来の業態から変革を求められたことや、海外に進出した日本企業の駐在員が帰任するようになったことで、需給両サイドのニーズによって中華料理店の新業態が目覚ましく発展していくことになったのです。

点心や飲茶を専門的に提供する店の出現や、ファミリーレストランを多店舗展開する企業が郊外のロードサイド店として中華料理に進出したのでした。

大手資本のチェーン展開による全国規模での急速な多店舗展開では、素材調達が一括管理され、調理方法がマニュアル化されており、ある程度の修行期間と専門知識によって成り立っていたそれまでの中華料理店の差別化要因が、薄れていくこととなりました。

消費者にとって身近にバラエティに富んだ中華料理を食べられる機会が増えたことはうれしいことです。しかし、従来の中華料理店からすれば、業務の効率化を強みとして合理化経営で多店舗展開する大手チェーン店の存在はとても大きな脅威となり、対抗していくことがむずかしくなった、という厳しい現実を突きつけられたのです。

飲食店に必要な「商品力」「競争力」「集客力」

中華料理店に限らず飲食店の競争優位性をみる場合、提供しているメニューが味と価格の両面で来店客のニーズを満足させられるか、といった「商品力」は最低限必要な要素となります。また、周辺にあるさまざまな飲食店と比べて、その商品力の魅力が比較優位にあるか、選ばれる店となれるか、といった「競争力」も重要な要素です。

さらに、店主や店員の接客時における応対品質やリピート客獲得のための方策は、顧客満足を高める「集客力」として、来店頻度を増やし、口コミ伝搬などによる将来の顧客獲得にとって最も留意すべき要素となります。

なお、飲食店がこれら「商品力」「競争力」「集客力」の３要素を発揮するためには、店が立地している場所がどこにあり、どのような特性の定住人口があり、どういった交流人口が訪れるのかといった外部環境を的確に把握して、その趨勢《すうせい》を読み解く能力が基礎的要件として求められます。腕に自信のある職人が、「俺の料理がわからないやつはお客じゃない」などといった偏狭なことを言っていて、飲食店が成功するような時代ではありません。

この観点から、平安楽が立地している高山市の「市場性」について、少し目を向けてみることにしましょう。

高山市の人口は２０１９年（令和元年）９月に８万７７７９人で、２００５年（平成17年）

INNOVATION CASE 2

に周辺の９町村を合併したことで全国の市町村で最も面積は広いのですが、その92・5％を山林が占めています。合併当時の人口は約９万７０００人でしたが、人口動態は自然増減（出生―死亡）、社会増減（転入―転出）ともに15年以上ほぼマイナス傾向を辿っています。

一方で、１９８６年（昭和61年）３月に国から国際観光モデル地区の指定を受け、同年４月に国際観光都市宣言を行って以来、各種の国際観光を推進する施策を展開してきたことで、外国人観光客は増え続けています。

高山市役所が中心となり、官民の連携による長年の観光ＰＲが功を奏し、２０１８

図表3-2　高山市を訪れる外国人観光客の推移

●年別宿泊者数推移（人）

	H26年	H27年	H28年	H29年	H30年	H30年／H29年
アジア	168,023	202,794	269,478	294,877	300,091	101.77%
中東		8,182	11,270	10,993	11,446	104.12%
ヨーロッパ	52,709	70,232	90,135	86,027	100,054	116.31%
北米	18,962	21,771	26,119	27,858	29,773	106.87%
中南米	4,016	3,898	4,194	5,657	5,598	98.96%
オセアニア	16,221	18,342	25,282	26,031	27,510	105.68%
アフリカ	585	900	328	1,276	437	34.25%
不詳	19,806	38,352	34,447	60,760	77,392	127.37%
計	280,322	364,471	461,253	513,479	552,301	107.56%

※高山市商工観光部観光課「平成30年観光統計」より抜粋

年（平成30年）の観光客入込み者数（宿泊客＋日帰り客）は444万2000人と、定住人口のおよそ50倍もの交流人口が高山市を訪れるようになりました。また、外国人観光客数は宿泊ベースで、過去最高の55万2000人となり、対前年比で7・56％の増加となりました。高山市による平成30年観光統計によると、観光消費額から波及する観光の経済波及効果総額は、約2億円にのぼっており、少子高齢化と人口流出による消費の落ち込みを補う貴重な財貨となっています。

外国人観光客の予期せぬ注文に悪戦苦闘

直子さんは外国人観光客の予期せぬ来店に直面して、「面倒なことはしたくない」とネガティブな考えから、英語表記の張り紙をすることで「外国人除け」をしたつもりでいました。

「私、頭いいでしょ、これで外人さんはもう来なくなるわよ」

と店主の洋さんに話して高をくくっていたのですが、まったくそうではありませんでした。しばらく経ったある日のこと、英語の表記があることが呼び水となって、外国人

INNOVATION CASE 2

観光客が店に入ってくるなり
「野菜炒めがあるの？　肉は入れないでつくって欲しい」

と、これまたまったく予期せぬことを求めてきたのです。店の2人としては
「肉を入れないとおいしくない」

「そもそもメニューにないし……」

などと思いながら、英語は話せないので身振り手振りで説明したのですが、その外国人観光客はあきらめてくれません。しかもカウンターの野菜を指差して、

「ここに野菜があるじゃないか、なぜできない？」

と詰め寄ってきます。困り果てた2人が接客応対を押しつけ合っていると、

「イエス、オア、ノー」

と少し強めの口調で畳みかけてきました。もう逃げ場がないと悟った直子さんは、

「説明なんてできないから、もうつくってよ！」

と洋さんに懇願したのです。

「肉を入れなかったら、値段はどうするのさ？」

などとぼやき気味に小声でつぶやきながらも渋々「肉なし野菜炒め」をつくって出す

ことにしました。「肉を入れずに味を出す」、この離れ業にも近い調理の腕前を発揮するためには、洋さんが学生時代に修得した有機合成化学の知識がどうやら役に立ったようです。

苦手な英語での言い訳をやめ１００％要望に応える

言われて初めて躊躇しながらつくってみた「肉なし野菜炒め」でしたが、食べた外国人観光客は
「グッド！」
「アメージング」
などと興奮気味に感想を言って喜び、すっかり完食して大変感謝して帰っていったのです。この経緯を横で見ていた直子さんは、「なんだ、いつもこうすればいいんだ」と悟りの境地に至りました。自分が苦手な英語であれやこれやと説明や言い訳をするよりも、お客様には「オッケー」と気軽に言って、夫には
「自分で説明するか、つくるかどっちかにして」

と究極の丸投げで対処しようと決心しました。丸く収まってお客様に喜んでもらえるわけだから、「あぁ、これでいいじゃない」と急に気がラクになりました。ケガの功名とはまさにこのことで、街の普通の中華料理店が新しい姿へと進みはじめる、ターニングポイントになったのでした。

INNOVATION CASE 2

観光客に口コミで広がり、気がつけば繁盛店へ

高山市を訪れる外国人観光客は次第に増え、特にヨーロッパからの観光客には、江戸時代の城下町や商家町が広い範囲に渡って残されていることが高い興味や関心をひくらしく、平安楽にもヨーロッパ各国から多くの観光客が訪れるようになっていました。

ある日、4人で訪れたお客様が、1人めは「肉なし野菜炒め」、2人めは「肉の代わりに卵入りで」、3人めは「肉なしでカレー味で」、4人めは「鶏肉を入れて」という具合に、全員が野菜炒めの注文ではあったもののすべて違うアレンジの要求がありましたが、直子さんは躊躇なく受けました。

洋さんは困惑して、目を回しながらもしっかり別々のアレンジで野菜炒めを調理して

出したところ、大満足と大変喜ばれたお客様から、とても褒められました。初めはムリムリ注文を受けて、シブシブと料理をつくっていましたが、積み重ねから次第に慣れてきたのです。また、お客様から褒められることで「やる気」にもスイッチが入り、積極的に対応するようになっていきました。

直子さんは、ベジタリアン対応用や食物アレルギー対応用のメニューを別につくるなどの工夫を凝らすことで、オーダーでのやり取りもスムーズになっていきました。

「柔軟な発想」「しなやかな対応」がおもてなしの真髄

大学で有機合成化学を専攻した洋さんは、まさに化学実験をするかの如く、中華の定番料理をベジタリアン対応用や食物アレルギー対応用に、次々とアレンジしてレシピを完成させ、お客様のそれぞれの要求にきめ細かく対応できるような手順を整えていきました。

噂が噂を呼び、外国人観光客が次々と平安楽を目指してやってくるようになりましたが、近くに店舗を構える平安楽を古くから知る人たちからは、なぜ街の普通の中華料理店に、こんなに外国人観光客が大勢やってくるのか、その理由もわからず大変、不思議な光景に映っていました。

その後、ひとりでは調理が間に合わなくなり、直子さんも厨房に立ち、お客様の要求に応えるようになりました。食が進まないイタリア人のお子さんに「マンマ（母親）のつくるようなスパゲッティ」をつくったり、うどんが好きなマレーシア人のお子さんに「五目ラーメンならぬ五目うどん」をつくったりもしました。

お客様への配慮から女性ならではの「柔軟な発想」と「しなやかな対応」で、中華料理店の枠組みを超えて、外国人観光客が感動を覚えるおもてなしをするようになっていったのです。そうした経験を重ねていくうちに、これなら平安楽を続けていけると確信したのでした。

INNOVATION CASE 2

お客様が食べたいものなら喜んで提供する

やがて平安楽では、外国人観光客でベジタリアンのお客様が、他店では断られたという「お肉を入れないすき焼きが食べたい」という要求にも応えるようになりました。じつは生卵につけて鍋料理を食べたかった、ということを後から知ったのですが、それが中華料理のメニューではないことや、それをすき焼きと呼べるかどうかといったことは店の判断であって、外国人のお客様には関係ありません。

他店で断られたことが気の毒でもあり、「お客様が食べたいというならお出ししましょう」という平安楽の流儀(基本姿勢)がすでに定まっていました。

日本人の常識や自分たちの価値観や思考の枠組みの中だけで考えていてはダメで、定番料理の味は守りつつも、お客様の希望に沿った料理を提供していこうと改めて決意したできごとでした。

なお、希望に沿うとは「お客様のわがままを聞く」という意味ではありません。お客様の信条や健康に配慮しながら、平安楽として柔軟な対応をするという範囲に留めています。それにお客様自身が心底「おもてなしされたと感動してくれれば何より」という考え方です。

SNSの拡散で外国人観光客の間で「最も親切なお店」に

INNOVATION CASE 2

やがてＳＮＳが発達したことによって、ご夫婦はお客様の評価を直接、目にすることができるようになったのです。

外国人観光客は「トリップアドバイザー」などのＳＮＳを積極的に活用して、次の旅行先を検索して決めたり、実際に旅行で体験した感想を書き込んで情報共有したり、賞賛して感謝の意を表したり、レビュー（コメント）とともにその場所の印象を5段階で評価しています。

平安楽では健康や倫理、宗教上の理由でベジタリアンの人たちや食物アレルギーのお客様の「ここに来て初めて、自分の食べたい食事ができた」といったレビューを見て喜びつつ、お客様が何に満足して何を不満に思ったのかを読み解き、店舗運営に活かすようにしました。

トリップアドバイザーは、アメリカで２０００年（平成12年）に誕生し、２００８年（平成20年）に日本語対応サイトが開設されました。平安楽のレビューが初めて書き込まれたのは、２０１３年（平成25年）４月のこと。

当サイト内で毎年行われている「口コミで選ぶ、行って良かった外国人に人気の日本のレストラン」ランキングで、平安楽は２０１５年（平成27年）に４位に選ばれ、翌年の２０１６年（平成28年）には堂々の１位に選ばれました。高山名物の飛騨牛も高山ラーメンもない中華料理店が選ばれたことに、誰もが驚かされたのでした。

「何をどうするのか」、それが顧客満足の原点

欧米で比較的多いベジタリアンに加え、宗教上の戒律などの理由から料理に用いられる素材を制限している中東、東南アジア、インドなどの観光客も近年は増加する傾向にあります。トリップアドバイザーで「外国人に人気の日本のレストラン」の上位に選ばれる店舗には、そうしたニーズに柔軟に適応している飲食店が数多く見受けられます。

平安楽を訪れる外国人観光客は、「中華料理が本格的でおいしい」といった評判で来店するのではなく、「アットホームで気さくなオーナーのサービスが、とても居心地がいい」との口コミからやってくるのです。

確かに、外国人観光客が「本格中華」を求めるならば、飛騨高山ではなく台湾や香港、そして中国へ旅行すればいいのですから、違う何かを求めてやって来るということは誰

INNOVATION CASE 2

にとっても想像にかたくないことでしょう。

しかし、とかく日本人はモノ（商品）にこだわり、その性能や品質を追及することに価値を見出し、それを強みとしてこれまで国際競争力を高めてきたこともあり、コト（サービス）に注目して価値を見出すことにこれまで慣れておらず、苦手としてきました。昨今、サービス産業の生産性向上が喧伝されるのは、この課題認識からです。

モノにもコトにも「機能的な価値」と「情緒的な価値」がある

かつて「Made in Japan」のブランド力を象徴する高機能・高品質を旗印に、世界中を席巻した日本の家電メーカーが、性能や品質ばかり追求するあまり、結果として過剰投資に走ってしまったことで完成品の競争力を喪失したことも、同じ範疇の問題と言えるでしょう。

数値定量的に表される機能的な価値（「精度」「速度」「寿命」など）にばかり、開発者たちの目がいってしまいます。開発の方向性として形や数値で表せない情緒的な価値（「わかりやすい」「使いやすい」「美しい」など）に関心を示せなかったことが、大きな敗因の一つに挙げられています。

いかなるモノにもコトにも、その価値(品質)には機能的な価値と情緒的な価値があることを、まずはしっかり認識する必要があるでしょう。そして、事業を展開するにあたり洋さんと直子さんが図らずも実践してきた、情緒的価値をいかに高めていくかにもっと注力していく必要があるのです。

顧客満足を高めるためには、「おいしい」「心地が良い」といったその場で生じる「感性」に訴えるとともに、「安心できる」「癒される」といった後から湧き起こる「感情」にも訴求することが肝要なのです。

「お客様を歓迎できるのか」に成功の答えがある

フランスのタイヤメーカーであるミシュランが発刊する、旅行ガイド「ミシュラン・グリーンガイド・ジャポン」の2012年(平成24年)改訂版で、大阪、金沢、倉敷、長崎が二つ星、函館、弘前、神戸、萩が一つ星といったランキングの中で、高山は東京、京都、奈良、日光とならんで「わざわざ旅行する価値がある」最上位の三つ星(魅力度を星の数で表す）にランクづけされています。

観光パンフレットは7カ国語、地図は10カ国語で作成して配布するなど、長年観光施策を推進してきた努力の甲斐あって、高い評価を受けるに至ったのです。観光案内の標識も多言語での併記が目立ち、海外のクレジットカードで現金の引き出しができるようにと、金融機関の中にコンビニエンスストアのATM（現金自動預け払い機）が設置されているなど、外国人観光客を受け入れる社会インフラが整備され、情報発信も充実しています。

そうした中で、平安楽のように外国人観光客を積極的に受け入れて、高い評価を受けるに至っている店舗は、まだまだ数少ないと言わざるを得ない状況にあります。それはどうしてかと言えば、「言葉の壁」が邪魔をしていることと、「いろいろな要求をされても困る」といった店の都合が優先しているのです。

INNOVATION CASE 2

来た国の位置を地図上に記入することから会話ははじまる

平安楽では外国人観光客が訪れはじめた当初から、高校の地理で使われているような地図帳を用いて、本人にペンを渡してどこから来たのかを地図上に記してもらうようにしています。国の名前を聞いただけではどこのことなのかさっぱりわからず、どうしてもその場限りで聞き流してしまうことが多かったためです。

こうした外国人観光客とコミュニケーションをとるきっかけづくりは、今では大いに役立っています。英語が苦手であったとしても、ちょっとした工夫をすることから顧客満足につなげられるという、身近でとても良い事例と言えるでしょう。

地図上の印を見ていくと、ヨーロッパ諸国とオーストラリアからの個人客が多いという傾向もわかりました。平安楽には総座席数が12席しかないことから、大勢の団体客を受け入れることは困難です。しかし、だからこそできるきめ細やかなお客様一人ひとりとの対話があり、それぞれにカスタマイズした注文対応が実現可能となるのです。

小さいながらも小さいなりに、また、小さいからこそ実現できる強みを発揮して、「商品の優位性」で勝負する高級中華料理店や「業務の効率性」で勝負する大型中華料理店にはない、「顧客との関係性」が最大の強みです。

INNOVATION CASE 2

あえて団体予約は受けず、お店の強みを守る

平安楽には毎日、大型団体客の予約を取りつけようと旅行代理店から電話が多くかかってきます。一般的な飲食店であれば、当日の売上が事前に確保できることから、予約は積極的に引き受けたいところではありますが、それでは自分たちの強みを活かしてお客様が満足できるパフォーマンスを発揮することができません。

そう考える直子さんは、平安楽の事情を丁寧に説明して、控えめな口調で丁重に、お断りしたい旨を相手に伝えています。有名な繁盛店になったからといって、安易に規模を求めたり、店舗を拡張しようとはしないのです。

今ある「人材、技術、組織」を最大限に活用せよ

企業の経営として考えるとき、「今ある人材、今ある技術、今ある組織」で何ができるかを考えて、その中にある強みを最大限に発揮する。そして、意思を統一して最高のパフォーマンスを獲得しようと行動することが、健全な経営に必要な意思決定のプロセ

スです。

業績が好調となって安易に規模を拡大したり、逆に業績が悪化したからといって安易に周囲に流されたりすると、強みを発揮できなくなるだけでありません。重いコストばかりを背負って、利益を確保できなくなってしまうものです。経営の局面が変わるとき、経営者が判断をあやまる可能性は高まります。

日本では「郷に入っては郷に従え」という考えが当たり前ですが、外国人観光客にそれを強要するのは不適切です。平安楽の強みとは、「対話によって生まれる親しみやすく明るい店内の雰囲気」と、ベジタリアン、ビーガン(絶対菜食主義者)やハラール(イスラム法で許された食材)、そして食物アレルギーがある「お客様一人ひとりへのきめ細やかな対応」にあります。あくまでも自分たちの身の丈にあった規模を保つことができてこそ、お客様の期待に応えて喜んでもらうという、独自に築き上げてきた「おもてなし」の姿勢が続けられるのです。

調理人としての自分のこだわりを突き通すのではなく、有機合成化学を学ぶ過程で修得した探究心と応用力を発揮して、多様化する旅行者のニーズに柔軟な姿勢で応えてき

INNOVATION CASE 2

た洋さん。はじめは苦手だった外国人観光客とのコミュニケーションを数々の工夫と努力で克服し、洋さんの潜在能力とやる気を引き出して、アットホームで居心地の良い空間を創出している直子さん。

すべてを包括して模範とすることは困難かもしれませんが、環境に左右されながらも真摯に事業に取り組む基本姿勢は、必ずやあなたの参考となることでしょう。

夜明け

第４章

INNOVATION

小売業の小さなイノベーション

夜明け

INNOVATION CASE 3

東濃ひのきベッド「かおりちゃん」の開発で「街のふとん店」から華麗に業態転換

美濃加茂市の街の新しいシンボルに！
「ふるさと納税」の返礼品にも選出

［美濃加茂市］有限会社夢幸望

寝具店 夢幸望ハヤカワ

ショッピングモールや大型量販店、さらにはインターネット通販に押されて縮小や撤退を余儀なくされている街の寝具店。歴史を紐解きながらその逆転劇を俯瞰し、経営者に求められる勇気と決断の重要性をお伝えします。

INNOVATION CASE 3

かつて港町として栄えた八百津町で創業

木曽川の中流域に位置する岐阜県美濃加茂市に寝具店「夢幸望ハヤカワ」を構える有限会社夢幸望は、先代社長の父親が、美濃加茂市の北東部に位置する加茂郡八百津町で綿打ちのふとん店として1953年（昭和28年）に創業しました。

八百津町は面積の8割が山林なのですが、明治時代の頃までは木曽川を運搬経路とする木材流通の中継拠点の港町として栄えていました。また、木材の仕入れなどで訪れる商人を主な顧客として、土産物の八百津せんべいや、潤沢で清らかに流れる木曽川の水源を利用して製造する酢や味噌、醤油、日本酒などの醸造業も盛んな町です。

都心のデパ地下（百貨店の地下にある食品売り場）や駅ナカ（駅構内にある販売店）でよく目にする、フルーツビネガー（飲むお酢）で有名な「オークスハート」や「OSUYA GINZA」の知名度は全国的に高いのですが、そのいずれも八百津町に本社を置く創業1876年（明治9年）の食酢メーカーである内堀醸造株式会社から派生した企業が展開していることについては、ほぼまったく認知されていません。

また、昨今テレビドラマの番組でも高い視聴率を誇り、出版する書籍もベストセラーとなり人気を博している、小説家の池井戸潤氏も八百津町の出身です。

「社会インフラの整備」「産業構造の転換」が、地域の趨勢を左右する

明治の後期頃からは、近代の経済発展の基盤を形成する工業化の先鞭をつけるかたちで、木曽川で電源開発が行われるようになり、水力発電所のために丸山ダムが建造されたことから、木材流通の経路を鉄道や道路に譲ることとなりました。

これを契機として、港町としてかつて果たしてきた八百津町の役割と機能が失われて人口が減少傾向をたどり、現在は観光産業で、まずは交流人口を増やそうと、町役場や商工会が中心となって数々の策を打ち出しています。社会インフラの整備や産業構造の転換が、地域の趨勢を左右する典型的な事例と言えるでしょう。

夢幸望ハヤカワは、このあおりを受けるかたちで１９８５年（昭和60年）に店舗を美濃加茂市に移転して今日に至ります。美濃加茂市は工業団地や住宅地の造成、鉄道や道路整備の恩恵を受けて、現在でも人口が増加する傾向にあり、街の寝具店の安定的な店舗経営の持続にとって重要な潜在顧客が近隣に存在する好立地にあります。

地方創生を考えるとき、市役所や町役場といった地方公共団体が産業振興などの諸施策を立案して予算執行していく際に、中長期的な視点に立って時代の流れや趨勢を俯瞰すべきであることが、こうした事象からよくわかります。

INNOVATION CASE 3

「布団の仕立て直し技能が活かせない」ジレンマ

夢幸望ハヤカワの現社長である早川義則さんが生まれたのは1956年（昭和31年）ですが、そのころから10年ほどの間は布団は買うものではなく、家庭でつくるものでした。ですから、寝具店と言えば「綿の打ち直し」が主たる業務で、冬の寝具を使わない夏場に打ち直しの作業で忙しくなりますが、先代社長は冬の間は寝具店の仕事がなく、日雇いの仕事に出稼ぎに行っていたそうです。

その後、1970年（昭和45年）頃になり、機能性を謳うアクリルやポリエステルを用いた毛布が売れるようになると、真綿の布団と置き換えられる流れの中で、寝具類の販売で生計が成り立つようになってきたのでした。

早川社長が大学を卒業する頃は、既製品の寝具販売がおよそ半分、仕立て直しが残りの半分程度の売上構成だったそうで、家業としての寝具店に入ってまずやったことは、職人として綿の布団を仕立て直す技能を身につけることでした。先代社長の
「人は眠らないではいられない、未来永劫」
「手に職をつければ食いっぱぐれはない」
という言葉を信じて寝具店を継ぐ決意を固くして辛い修行をこなしたものの、10年ほどで打ち直しの職人仕事はなくなっていきました。それにともない寝具に用いられる素材が変わり、布団は「つくるもの」から「買うもの」に変わったのです。

美濃加茂市へ移転を機に寝具一本で勝負すると決意

打ち直し作業がなくなったことで変わったことがあります。埃が大量に出ることで住宅密集地には適さなかったため、それまで畑の真ん中での作業場を主とした店舗から、既製品の寝具販売を主とした店舗に業態転換を図る必要が出てきました。

これがきっかけで夢幸望ハヤカワも立地の良い場所に店舗を移そうと、八百津町から美濃加茂市へと移転したのです。当時はまだ近隣に10店舗以上の寝具店がある激戦区で、

５０００万円以上の借入金を抱えてのスタートとなりました。売上利益を確保するために大手の加盟店となってギフトショップを併設するなどの努力で、２年で採算が取れ、５年で1億円の売上を見事に達成しました。

持ち前のバイタリティと商売に賭ける情熱で、「商売は環境適応業」という信念のもと、このように20年ほど邁進してきた早川社長ですが、ギフト部門の収益と効率の悪さもあって50歳をターニングポイントとして「寝具一本で勝負しよう」と決断しました。というのも、販売実績から大手寝具製造・卸販売業の西川チェーンに加盟することができたことがありました。このチェーンに加盟するには「年間２０００万円以上の仕入れをすること」と、「地域一番店であること」という審査基準があり、早川社長は40歳になる頃には達成していました。父親の死後、店舗経営の相談相手はチェーン店幹部の方々であり、「布団屋をやるなら王道をいけ」と西川チェーン会長から教えを授かったことが最大の理由です。

激しく変化する時代の流れの中で、このように「信念と情熱」「柔軟な発想」で環境に適応してきた早川社長ですが、このあとも苦難の道のりはまだまだ続くことになりました。

室町時代の「寝具の一大革命」、真綿を布に詰めた「蒲団」が登場

寝具店は、日本標準産業分類で「寝具小売店(細分類「5712」)」に分類されており、「主として寝具類を小売する事業所」と定義されています。また、寝具とは広辞苑で「ふとん、夜着、枕など、寝るときに用いる道具」と記載されています。

寝具類と言うと、ふとん、毛布、枕、敷布、マットレス、蚊帳、丹前、ナイトガウン、パジャマなどを指しているのですが(第13次業種別審査事典2074寝具店より抜粋)、日本人の生活様式の変化から、今ではもう馴染みのない、若い人にとっては見たことも聞いたこともないものも含まれています。

日本人の生活様式という観点から寝具の歴史を見てみると、古代には薦《こも》などイネ科の植物の茎を乾燥させたもの、すなわち藁《わら》を粗く編んでつくった筵《むしろ》を寝具として用いていました。しかし、これらのどれ一つ取ってみても、現代の都会のライフスタイルの中では縁遠いものとなってしまっています。

その後、室町時代になって木綿が国内で普及したことによって寝具の一大革命が起きます。綿花(真綿)や綿織りものを袋状に縫った布に詰めて寝具として用いるようになり、

INNOVATION CASE 3

蒲団（布団＝ふとん）と呼ばれるようになりました。

明治時代に進んだ生活スタイルの西洋化

それまで各家庭の手仕事でこしらえていた寝具が、販売する商品として店舗で扱われるようになったのは、紡績技術が発達し、綿織りものが普及するようになった江戸時代の頃のようです。

綿打ち家業や古着屋が発祥とされる寝具店ですが、初代から現在5代目に至る150年以上の歴史を誇る丹羽ふとん店（名古屋市熱田区）では、受け継がれた綿打ち職人の技とともに、今でも木綿ふとん、真綿ふとんを手仕事でつくり続けています。

しかし、布団のほか寝具がほぼすべて工場で大量生産される工業製品となった現在では、全国でも大変稀有な存在です。明治時代になると日本人の生活様式が西洋化しはじめ、上流階級の家庭ではベッドも使用されるようになり、マットレスやパット、毛布、敷布、枕などがつくられるようになりました。

1566年（永禄9年）創業で2019年（令和元年）に経営統合して西川株式会社となっ

た「ふとんの西川」で知られる大手寝具製造・卸販売業者が、現在の主要事業である布団の販売をはじめたのも明治になってからです。

明治30年代頃には合繊綿が開発されて普及し、素材革命となって寝具が工業製品化し、綿打ちして布団を生産していた街の寝具店は、既製品を仕入れる業態に転換しはじめました。

寝具店の市場規模は20年間で5分の1以下に縮小

大正から昭和にかけて、一般家庭にも敷布や毛布が普及しはじめ、化学繊維が戦後に登場したことや高度経済成長などの時代の流れ、そしてテレビ番組やCM放送などの情報の波によって、欧米のライフスタイルや寝具が身近なものとして、日本人の生活様式に浸透していきました。

寝具は人生の3分の1（1日8時間睡眠として）をともに過ごすため、日々の生活に密接に関係した生活必需品であり、寝具店の果たす役割はとても重要なのですが、生活密着型商品であるがゆえに、時代の流れの影響をゆっくりしながらも深く受けやすい特性を

INNOVATION CASE 3

有しています。

また、寝具を扱う店舗は街の寝具店だけでなく、大手百貨店、家具店、ショッピングモールの量販店や専門店、ロードサイド型複合店など多岐に渡り、家業を起点とした中小事業者としての街の寝具店の置かれた立場は、脆弱と言わざるをえません。

さらには昨今、テレビ通販やインターネット販売など無店舗型販売店が全国をターゲットとして効率性高く展開していて、旧来通りの街の寝具店の業態では、事業が成り立ちにくくなっているのは、今にはじまった話ではありません。実際に寝具小売店の事業所数、従業者数などの推移は、次の通り（図表4－1）となっています。

図表4-1　寝具小売業の事業所数・従業者数・年間商品販売額・売場面積

年次	事業所数（件）			従業者数（人）	年間商品販売額（百万円）	売場面積（㎡）
	合計	法人	個人			
平成３年	18,579	5,093	13,486	57,820	684,932	1,218,555
平成６年	16,689	4,779	11,910	52,919	643,491	1,195,546
平成９年	14,484	4,103	10,381	45,484	539,284	1,043,588
平成14年	12,201	3,732	8,469	39,003	405,005	947,090
平成19年	8,768	2,703	6,065	25,607	237,298	739,330
平成24年	5,578	1,707	3,871	15,020	113,569	553,964
平成26年	5,015	1,741	3,274	13,930	132,102	513,609
平成28年	5,070	1,760	3,310	13,680	118,079	329,517

※総務省・経済産業省「平成28年度経済センサス－活動調査 総括表第一表」より抜粋

寝具店は従業員5人以下の小規模事業者がほとんど

平成3年から約25年間の推移を「平成28年経済センサス―活動調査産業編総括表」総務省・経済産業省資料で見てみると、平成3年を100%として平成28年に事業所数で27・3%に、従業者数で23・7%に、年間商品販売額で17・2%に、寝具店の市場規模は5分の1以下に縮小していることが読み取れます。

また、同上の資料をさらに深く紐解いていくと、従業者数規模別では従業者5人未満の事業所が全体の9割近くを占めていることも読み解くことができ、その歴史的背景からも圧倒的に街の寝具店は小規模事業者が多いことがわかります。

私はちょうど平成22〜23年頃、とある大手寝具製造・卸販売業者の名古屋支店から依頼を受けて、マーケティングのコンサルティングに入った経験があります。当支店の販売ルートはその頃、百貨店向けと地域の特約店(街の寝具店のうち一定の売上実績を有する契約先)向けの2系統があり、依頼内容は縮小傾向にある特約店の売上をいかに向上させるかに関する販売促進策の検討に関するものでした。

まさにこの苦境に立たされる寝具店の実態を目の当たりにしたのですが、確かにいずれの店舗も家業として経営する小規模事業者でした。

INNOVATION CASE 3

2億円の売上が気づけば3分の1というありさま

早川社長は西川チェーン会長の言葉である「布団屋をやるなら王道をいけ」とのアドバイスのもと、「商売、その道には常に本質があり、時代の流れの中でその本質に外れないこと」との信念を強く堅く持ち、50歳を区切りに寝具一本に絞って事業に邁進してきました。

しかし、美濃加茂市に店舗を構えて30年が経過した頃には、全盛期に2億円あった夢幸望ハヤカワの売上は、布団素材や流通形態の変化、日本人のライフスタイルの変化などの外的要因で、3分の1程度まで落ち込んでしまうこととなりました。

早川社長が寝具の販売で大きな行き詰まりを感じたのは、リーマンショック(米国の投資銀行リーマン・ブラザーズの経営破綻に端を発して、世界規模で連鎖的な金融危機が発生)が勃発した2008年(平成20年)頃のことです。日本では日経平均株価が大暴落し、2008年9月12日金曜日の終値が1万2214円だったものが、10月28日には一時6000円代にまで下落してしまいました。寝具店の商売を取り巻く環境は確かにそれ以前から悪くなっていたのですが、安物商品の台頭、安売り競争が激化しはじめたのが、この頃からだったのです。

業界大手のメーカーでさえも、安価な中国製品などに押されて社員にボーナスを出せない苦難のときを迎えました。真剣に廃業を考えた早川社長は、それでも「王道を行き、本質を貫く」信念は曲げられないと、安価な商品には手を出さないまま悩み苦しむ日々を2年ほど過ごしました。

自分の給料も取れないが逆境に立ち向かう覚悟でのぞむ

自分の給料も取れないときがありながら、在庫が積み上がってもなお契約条件から仕入れをする必要に迫られ、資金繰りに腐心する日が続きました。そうした中、寝具販売の特性上、夏場の売上が減ることから、通年で売れるものは何かと早川社長は真剣に考えました。

早川社長は長年の寝具店経営の経緯で多くの環境の変化に直面し、苦労しながらも心血を注いで真剣に逆境と立ち向かってきました。「真剣でありながら深刻にならず」常に前向きに邁進してきたからこそ、夢幸房ハヤカワが創業以来直面した最大の危機に際しても、新たな道を模索することができたのです。

ここで深刻になってしまっては、将来について後ろ向きの姿勢でしか考えられず、この時点で廃業を確定したことでしょう。環境の変化に対して真摯に、柔軟に向き合う早川社長の姿勢こそが、経営者に必要となる最も重要な資質であると言えるでしょう。

INNOVATION CASE 3

寝具類の中で伸びしろがあるベッドに着目

このままの業態では経営が立ち行かないとの危機感のもと、早川社長は自分が長年培ってきた知識と経験からできることは何か、地域密着で店舗経営することの強みは、どのように活かしていくことができるのか、思案を巡らせました。

また、いま自分が置かれている世の中や外部環境はどのように変化していくのか、客観的に俯瞰したのです。一番に気づいたことは、急速に押し寄せる高齢化の波でした。従来からシニア層のお客様のニーズを把握していることから、潜在顧客が増える絶好のチャンス到来ととらえたのです。

また、早川社長は仕入れ商品の卸売流通に半ば支配されているような寝具店の業態から脱却し、何とか自社のオリジナル商品を持ちたいとの思いを長年、心に秘めていました。その実現に向けてどのような商品であれば寝具店にふさわしいか、これまでの知識と経験を活かせる商品は何かなどについて思いを巡らせ、周りの寝具店経営者たちにも相談しました。

寝具やその周辺の商品、すなわち寝室での利用が想定されるあらゆる商品について検討を進める中で、普及率が60%を超えはじめており、今後まだ普及の余地があるベッドに着目するに至ったのです。

シニア層が欲しいのは「介護用ベッド」だけなのか

しかし、大手家具メーカーや大型家具店に対抗しても規模ではまったく歯が立たず、はじめる前から敗色が濃厚です。また、ベッドは、産業分類としては木製家具製造業(漆塗りを除く)(細分類「1311」)、金属製家具製造(細分類「1312」)、マットレス・組スプリング製造業（細分類「1313」）とあるように、寝具ではなく家具に分類されています。

それでもなお長年の寝具店経営の中で、お客様から寄せられる「寝心地に関する悩みや要望」を思い起こしてみると、寝具もベッドも同じ範疇で語られることから、早川社長は意を決しました。

自社でベッドを考案するときに、数々のベッドが並ぶ大型家具店に足を運び、気づいたことがありました。それはシニアからシルバー向けの商品として介護用ベッドはあっても、まだそれらの必要がない人々に向けて、これまでお客様から聞いていた悩みや要望を満たすベッドが、ほとんど店舗に置かれていないことでした。

デザインよりも機能を最重要視して、手すりが取りつけられていて寝起きのしやすいベッドや、寝ていて腰痛対策になるようなマットは、これからの高齢化社会で必ず求められる商品であると、早川社長は確信するに至ったのです。

INNOVATION CASE 3

地元「岐阜県産ひのき」を使ったベッドがいい

早川社長はこれまで大手寝具製造・卸販売業者の特約店として、ヒト（他人）のつくった商品を売ってきたという経緯から、自分が生まれ育ち寝具店を長年経営してきた地元岐阜県の天然素材を使ったベッドを売り出していきたいとの想いを強くしました。

そこでベッドの素材として選んだのが、岐阜県産の「東濃ひのき」でした。岐阜県は森林率（全体面積に占める森林面積の割合）が81％と全国2位で森林資源が豊富にあり、その中でも東濃地方東部から産出される東濃ひのきは、伊勢神宮の式年遷宮で外宮の建材として重宝されているなど、高く評価されています。

抗菌作用やリラックス効果をひのきが有していることを知り、寝具にぴったり適合する素材であることを確信しました。地元愛だけではなく、自信と誇りをもって東濃ひのきでつくったベッドを全国規模で販売展開するために、お客様の声を元に構想を練り、仕様を固めて設計に取りかかりました。

加子母森林組合と運命的な出会いで「東濃ひのきベッド」が誕生

ほどなくしてアイデアを取りまとめることはできたのですが、自社で木工設備を購入してベッドの製造をゼロからスタートしていては、技術的にも資金的にも困難を極める

INNOVATION CASE 3

ことは明白だったため、まずは製造を依頼できる相手先を探すことにしました。

美濃加茂市近辺の木工所を電話帳や商工会／商工会議所への紹介依頼で探し出し、東濃ひのきでベッドをつくりたい旨を伝えたものの、どこからも、

「街の布団屋が何を荒唐無稽なことを言っているのか」

と言わんばかりの冷ややかな反応の繰り返しでした。なかなかまじめに取り合ってもらえない日々が続く中、あきらめずに執念深く協力してもらえそうな木工所を探しました。

そうしたところ「何でもお見積もりします」といったうたい文句を掲示した、東濃ひのきが現地で産出される中津川市の加子母森林組合をインターネット検索で見つけました。苦労の連続から期待値は低かったそうですが、断られ続ける中で一縷《いちる》の望みを託して
「ひのきでシニア用のベッドをつくりたいので相談に乗って欲しい」

とメールを出します。すると、翌日すぐに
「ぜひ一緒にやってみたい」

と、内木英喜加工販売課長から直接、電話がかかってきました。

早川社長は次の日に早速、加工設備を数多く有する加子母森林組合へと向かいました。寝具店の眠りに関するノウハウと森林組合のひのきと木工に関するノウハウが結実し、試作開発は順調に進みました。こうした経緯から満を持して、東濃ひのきのベッドは誕生したのです。

「補助金交付」を受け、東京の展示会で販路開拓に挑む

量産するときの最低ロットは、ベッドの製造販売が初めての早川社長にとって相当な覚悟のいる台数となりましたが、もう後戻りはできないと覚悟を決め、自分を叱咤激励して発注することにしました。

展示会出展や百貨店、寝具店への営業に邁進するにあたっては、岐阜県が交付する「農商工連携ファンド」の認定を受けました。補助金を得られたことで、東京で開催される「インテリアライフスタイル展」に出店することもできました。街の小さな寝具店が東京の展示会に自社商品を出展するということは、かなり突き抜けた画期的なことです。

INNOVATION CASE 3

和室にも合うと老舗旅館「なごみ宿木曽屋」が購入

その噂を聞きつけて発売早々に購入したお客様の中に、下呂温泉の老舗旅館である「なごみの宿木曽屋」があります。「ここ最近、足腰が弱くなって布団での寝起きが次第に辛くなってきた」というシニア層の常連のお客様の声が寄せられたことから、女将が購入を決定したのだそうです。

実際に設置してみると、「天然ひのきの香りに包まれて寝心地がとても良い」と宿泊される数多くのお客様から好評を博しています。また、「旅館の和室にぴったり合っていて、折りたたみも1人作業で簡単にできて収納もラク」と木曽屋の女将も絶賛します。

「きくばりベッド」と命名し、初年度に70台ほど販売することができましたが、その経緯で寄せられたお客様の声から、価格を抑えた普及版の「かおりちゃん」も製造することとなりました。これが美濃加茂市の「ふるさと納税」の返礼品に選ばれたことや、百貨店での取り扱いが決まったことなどから販売は好調に推移し、増産体制を整える必要が出るまでになりました。

新たな協力先として、隣接する加茂郡富加町で木工業および木造住宅の製造販売業を営む株式会社フクモクの福井一百《かずも》会長と出会ったことで、商品の改良も進みました。

柔和で暖かい人柄の福井会長からは、長年培ってきた木工加工のノウハウをもとに商品の魅力向上に関する多くのアドバイスを受け、売上と顧客満足のさらなる向上に貢献しました。こうして東濃ひのきのベッドの誕生は、新しい街の寝具店の姿を確立するターニングポイント「成功への分岐点」となったのです。

先進的な機能やデザイン面での「商品の優位性」や大量生産による「業務の効率性」の観点では、大手メーカーの足元にもおよばないかもしれませんが、「シニア層が心地よく眠るため」という「顧客との関係性」においては、オンリーワンの存在となりました。

布団のクリーニングとサブスクリプション事業に進出

長きに渡ってお客様の声に耳を傾けてきた早川社長の知識と経験、そして「王道を行き、本質を貫く」固い信念とひたむきな仕事への情熱、そして共感してつながった人々、

INNOVATION CASE 3

店舗を明るい応対で支える笑顔が素敵な奥様の由美さんや店員の森元由佳さんらの協力のもと、東濃ひのきのベッドという姿で苦労と努力は見事に実を結んだのです。

地域の産業振興に長らく関わっていると、慣用句で言う「髪結いの亭主」のごとく全面的に内助の功に支えられ、店の主人(旦那)は地元の経済団体などの役職もあって自社の厳しい経営状況を直視しないまま、資金繰りの苦悩や廃業の危機があっても外面《そとづら》だけ良くしようとする事業者と巡り会うことがあるのですが、早川社長にそれはまったく当てはまりません。

これまでの道のりは、決して平坦なものではありませんでしたが、早川社長は常に自分の目の前にある現実を直視して逃げることなく、額に汗して寝具店のあるべき姿に向けて艱難辛苦《かんなんしんく》を乗り越えて走り続けてきました。

自己啓発や社会貢献という大義名分のもと、会社の外で立場が近く共感し合える人々と交わって長い時間を費やす経営者が数多く散見される中、早川社長はお客様の声に真摯に耳を傾け続けます。

心地良い眠りを提供するためには何が必要か、何をすべきかについて常に考え、世の中の流れにも敏感に反応して、適応しようと努めています。

「王道を行き、本質を貫く」早川社長のブレない方針

早川社長の「王道を行き、本質を貫く」寝具店としてのさらなる挑戦は続いています。布団の丸洗いを手がけるクリーニング業、そして業務用布団のサブスクリプション（月々定額制で利用するサービス）の取り組みへと向かっています。

クリーニング業をはじめるにあたっては設備が必要なだけでなく、都道府県知事へのクリーニング所としての届出とともにクリーニング師となるための認定試験に合格しなければなりません。

これらのハードルをものともせず、お客様に快適な寝具、そして心地良い眠りを提供するために、ひたむきに新規事業へと邁進中です。

また、サブスクリプションは「モノの所有からコトの利用へ」という時代の要請もあり、新しいビジネスモデルとして注目されていますが、街の寝具店が1店舗でできることではありません。

従来のリース契約と異なり金融商品ではないため、金融取引上の審査もなく利用者サイドからは都合の良いシステムですが、提供者サイドは商品を自社で大量に所有する必

要があり、資金負担も大きくなります。それでもなお、人を引き寄せる早川社長の魅力が、羽毛原料輸入のトップ企業や大手寝具製造卸売企業のOB、そして全国の賛同する寝具店を組織化して実現に漕ぎ着けました。

INNOVATION CASE 3

「まちのいえ協同組合」の初代理事長としても活躍

寝具のサブスクリプション・モデルを実行するための組織として、２０１８年（平成30年）11月に「まちのいえ協同組合」が発足し、早川社長は初代理事長に就任しました。この組織名は「まちの人々に寄り添って、地域に貢献する」という理念から命名されました。

理事長就任の理由を本人は一番の年長者だからと公言していますが、人望がなくては誰もまったくの新しい事業で大役を任せようとは思いません。これまでの早川社長の店舗経営に対する真剣な姿勢を冷静に眺め、熱い想いを耳にして、この人に任せたいと誰もが考えたからこその重要な役割の委任です。

掛け布団である羽毛布団はすでに日本のほぼ全世帯に普及しており、もはや全国規模で飛ぶように売れていくことはありません。テレビショッピングで目にする寝具と言えば、低反発や高反発のマットレスであるように、現在の寝具類における売れ筋商品は従来の敷き布団、現在はベッドでの使用が主であるためマットレスということになります。

そうした状況下で早川社長が注目したのは、羽毛布団のリフォーム事業でした。安価なものを除いては新品が売れにくくなる一方で、需要が増えてくるのは長期使用で劣化した羽毛布団への対応だからです。

未来を悲観すれば「寝具店は絶滅危惧種」となる

ここまで見てきたように、早川社長は常に環境の変化へ的確に対処しようと努め、寝具店としての「王道を行き、本質を貫く」ことに真っ直ぐに、「地域になくてはならない店になる、必要とされる店になる」ことを目指して夢幸望ハヤカワの経営に長らく邁進してきました。

また、「このままいくと寝具店は絶滅危惧種になってしまう」との危機感のもと業界全体の行く末を憂います。しかし、悲観して後退することなく、全国の寝具店に新しい

INNOVATION CASE 3

商品と新しいビジネスモデルを提供するべく、ひたすら前向きに理事長として全国を飛び回っています。

過去の成功体験にとらわれていたり、未来の見通しを悲観的にとらえてしまっていては、次の一手に踏み出すことはできません。数多くの寝具店が閉店を余儀なくされた近年の厳しい業界事情の中で、日々の売上を確保しようと拙速に、寝具類以外の小額商材の取り扱いをはじめてみたり、枕のオーダーメイド販売といったヒット商品を真似しても、それでは十分な収益確保は望めず、店舗経営につまずいていたことでしょう。

市場が狭まり続ける他の業界においても、早川社長の仕事に取り組む真摯な姿勢と突破力は、間違いなく参考になることでしょう。

夜明け

INNOVATION CASE 4

創業130周年。地元で愛され続ける老舗呉服店の細腕繁盛記

「着物の良さを広めることで社会のお役に立つ」
女性社長に脈々と引き継がれてきた精神

［揖斐郡揖斐川町］株式会社山本呉服店

店はお客様のためにある

日本人の生活様式の変化から和装の機会は激減し、どの街にもあった呉服店は閉店が相次いでいる。そうした中、多店舗展開での運営を可能としている元気な呉服店の成功の秘訣を探り、経営者の要件を明らかにします。

INNOVATION CASE 4

城下町で江戸中期に創業した老舗「山本呉服店」

滋賀県と福井県に隣接する岐阜県西北部に位置し、木曽川、長良川とともに木曽三川を構成する揖斐《いび》川が町の中心を流れる揖斐郡揖斐川町に、江戸中期（明和年間、1750年頃）創業の老舗である山本呉服店はあります。戦国時代より城下町として栄えていた揖斐の三輪で、山本兵八《ひょうはち》が商売をはじめたことが、その起源です。

当時は三輪神社に隣接する場所（現在の本店所在地）で料理旅館を営んでおり、利用客の便宜を図って着物のほころびを直したり、新しい着物を販売していたことが、のちの呉服店創業のきっかけとなったのでした。

揖斐川町の三輪神社は、奈良県桜井市に鎮座する大神《おおみわ》神社をご本社として、神武天皇の御世から揖斐郡の総鎮守として崇められており、毎年5月4日と5日に斎行される例大祭「揖斐祭り」は300年以上も続いています。

また、「谷汲さん」の名で親しまれ、天台宗の寺として798年（延暦17年）に開創した、桜や紅葉の名所でも知られる谷汲山華厳寺や、803年（延暦22年）に伝教大師最澄《さいちょう》が建立したとされ「美濃の正倉院」と呼ばれ、秋になると紅葉の名所となる両界山横蔵寺《よこくらじ》など由緒ある寺が数多くあります。

老舗料理旅館「兵八」を母体に「呉服店」を開店

揖斐川町の地は濃尾平野の最北部に位置し、背後にそびえる山間部から木材が切り出され、鉱山が採掘されました。また、揖斐川がその流通経路として重要な役割を果たしたことで、木材や鉱物の流通と行き交う人々の交流拠点として、古くから栄えたのでした。

鉄道網も早くから整備され、小さな町にも関わらず、かつては2つの鉄道の始発駅がありました。電源開発や水害対策で揖斐川にダムが造られるようになり、次第に産業が高度化していったことで、かつての稼ぎ頭であった木材や鉱物の需要は減り、人口は減少傾向を辿りました。

山本家の当主は代々「兵八」の名を継ぎ、料理旅館は明治初期まで8代続きました。その後、女性の「すぎ」が当主を継いでいた1890年(明治23年)11月に料理旅館を閉じて、着物専門の呉服店を開店して今日に至ります。これが山本呉服店の誕生までの経緯であり、屋号の「やまひょう」は代々受け継いできた山本兵八の名前に由来しています。その後、1948年（昭和23年）に有限会社となり、現在は株式会社山本呉服店として、5代目の山本千恵子社長が揖斐川本店のほか、池田店（揖斐郡池田町）と北方店（本巣郡北方町）の3店舗を経営しています。

INNOVATION CASE 4

商人魂「店はお客様のためにある」を貫く

全国で数多くの呉服店が閉店を余儀なくされている今日において、3店の店舗展開を可能としている山本呉服店の近代史の礎を築いたのは、3代目当主の山本敬一社長でした。

揖斐近辺の市場が次第に縮小しつつあることを敏感に察知し、山本呉服店はこれからどうあるべきか思いあぐねていたところ、近くの同業者に誘われて参加した小売流通業専門の雑誌社「商業界」が主催する「商業界ゼミナール（毎年2月に開催される2泊3日の商人道場）」に参加したことで、「店はお客様のためにある」という経営哲学と慧眼《けいがん》（物事の本質を見抜く眼）を得ることができたのでした。

着物だけを扱う専門店として生きていくことを決意した3代目社長は、揖斐の1店舗だけではいろいろなものを扱っていかなくてはならないだろうと考え、1988年(昭和63年)に隣接する揖斐郡池田町に新規出店しました。呉服店と言えば商店街にあるのが通例ですが、自動車社会の到来に合わせてロードサイドに敷地面積300坪、ゆったりとした駐車場をもつ大型店をオープンさせました。

それまで公民館を借りて催事を開催していたのですが、自社の店舗でワンフロア150畳のスペースを確保して、いつでも催事ができるようになりました。

「着物一筋の堅実経営」を貫き4代目へバトンタッチ

「店はお客さまのためにあり、店員とともに栄え、店主とともに滅びる」との商業界ゼミナールの教えから、自社の店舗で何ができるのか考えて着付け無料サービスを開始しました。のちにパールトーン社(生地への撥水加工を行う事業者)の協力を得て、撥水加工済みの着物をお手入れ無料にするサービスも開始しました。

3代目社長は実直な人柄で、高度経済成長期に他店が多角経営や不動産、株への投資をはじめるようになっても、堅実に着物だけを販売することに専念して、細く長く経営することでお客様に迷惑をかけない経営を心がけていました。

池田店をはじめて10年が経過した頃、成人式に出席する新成人が前年比で3分の2に落ち込む、さらなる人口減少の波がやってきました。これがきっかけで人口が多い岐阜市や大垣市に近い本巣郡北方町に、1998年(平成10年)に3店舗目を出店しました。

確実に少子化傾向が進みつつあることや、高校卒業後に進学や就職で揖斐郡を離れた若者がのちに戻ってこないという、過疎化する地方の典型的な事例に当てはまる現象に直面する中で、2004年(平成16年)に、4代目となる娘の山本由紀子社長に代替わりすることとなりました。

INNOVATION CASE 4

2兆円あった着物市場は3000億円台へ

呉服店は日本標準産業分類で、「呉服・服地小売業(細分類「5711」)」に分類されており、「主として呉服及び服地を小売する事業所」と定義されています。呉服とは、着物用の織物の総称として現在は使われていますが、その語源は中国古代の呉の国から伝わった織り方（機織：はたおり）によってつくられた絹織物（反物）のことです。

また、一般的に着物と呉服は、ほぼ同意語として使われていますが、衣服として仕上がったものが着物、反物（和服などの一着分である一反に仕上げられている布地）の状態の絹織物を呉服と呼ぶのが、正確な呼称です。

呉服が伝来するまで、日本古来の一般的な着物の素材は綿織物や麻織物（太物：ふともの）でした。江戸時代の呉服商の看板には「呉服太物商」と区別された表記が見られましたが、今では呉服が和服用の織物の総称として使われています。

呼称「着物」は日本の伝統的な和服を示す代名詞

着物は本来、服装一般を指しますが、今では着物という呼称が世界中で日本の伝統的な服装（和服）を示す名詞として通用しています。なお、もともと「和服」とは明治時代に西洋文化とともに日本へ持ち込まれた「洋服」の対義語で、従来の服装と区別するために使われるようになった呼称であって海外では通用しません。

現代の日本人のライフスタイルの中で着物（和服）を日常的に着る習慣は少なくなり、

冠婚葬祭などの伝統的な儀式や、盆正月などの行祭事でしか着られなくなってきたことから、需要は減少し続けています。

また、洋服に比べて外出時の1着分を揃えようとすると高額になってしまうことやファッション性の側面からカットデザインに自由度がないことなどがネックとなって、特に若年層の需要を高める要素が見つからない状況が続いています。

さらに、成人式やブライダルなどの特需期に関しても、少子化による対象人口の減少が直撃しています。

かつて2兆円規模とされていた着物の市場規模は、1980年(昭和55年)をピークに年々減少し、バブル経済の影響で一時期

図表4-2　呉服・服地小売業の事業所数・従業者数・年間商品販売額・売場面積

年次	事業所数(件)			従業者数(人)	年間商品販売額(百万円)	売場面積(㎡)
	合計	法人	個人			
平成3年	29,223	12,039	17,184	114,380	1,918,574	2,055,551
平成6年	25,754	11,159	14,595	103,600	1,660,152	1,966,135
平成9年	22,678	10,100	12,578	89,276	1,438,400	1,747,262
平成14年	17,611	8,551	9,060	71,851	978,065	1,430,178
平成19年	14,198	7,250	6,948	55,526	672,387	1,257,551
平成24年	8,360	4,221	4,139	30,434	332,494	824,160
平成26年	7,850	4,449	3,401	29,789	343,364	787,864
平成28年	8,183	4,580	3,603	31,979	357,313	607,318

※総務省・経済産業省「平成28年度経済センサス－活動調査 総括表第一表」より抜粋

は持ち直したものの、１９９１年（平成３年）以降は前年割れを示し続け、１９９７年（平成９年）には１兆円を下回ってしまいました。

日本人のライフスタイルの変化や伝統行事の減少、少子高齢化の傾向は歯止めが効かず、呉服業界全体に明るい兆しが見えることはなく、いまや市場規模は３０００億円台を割り込んでしまっているのが実態です。１９９９年（平成11年）頃には、業界大手の大型倒産旋風が吹き荒れました。

生産者が減り、商品の優位性での差別化策はない

着物の生産者に目を向けてみると、多品種少量生産で複雑な生産工程は自動化がむずかしく、各工程が分業化されていることから完成まで重層的に人件費がかかり、生産効率も上がりにくい業界特性があります。

また、消費者が購入する前段階で、生産者から小売店にたどり着くまでに白生地問屋、染加工元卸問屋、前売問屋、地方問屋などを経由する複雑な流通経路となっていることから、必然的に高額商品となってしまう業界構造となっています。伝統的な販売方法と

しては、固定客を中心に自宅への訪問販売と催事販売がセットで行われていました。

その後、近年の核家族化や女性の社会進出などによって、昼間に訪問しても留守にしている場合が多くなったこともあり、訪問販売は店頭販売へと次第に切り替えられてきた経緯があります。

また、定期的に開催する大規模の催事販売は会場費から設営費、集客告知のための広告宣伝費や大量の在庫確保など店舗のコスト負担が大きく、近年は開催頻度や開催自体が見直されるようになっています。その代替策として、ダイレクトメールによる集客告知やインターネットを活用した情報発信による知名度向上と新たな流通経路の開拓などが行われています。

「着付け教室で着物を販売する」新業態がトレンドに

ショッピングモールなどの大型集客施設へテナント出店する呉服店や大手通販会社とタイアップして、メディアを使った通販に乗り出す呉服店もあります。昨今のトレンドとしては、大々的な広告宣伝をともなって広く集客告知し、着付け教室を開催することをきっかけに着物販売を行う業態の参入があります。

また、成人式の振袖を中心にレンタル着物の需要が高まっており、着物を販売しないレンタル業者や写真館による業界参入がなされています。レンタル業者は価格訴求型モデルで事業展開する場合が多く、競争が激しくなり、経営体質は脆弱です。

呉服店に視点を戻すと、仕入れ先の生産者が限定されてきており、商品の優位性で差別化を図ることは、むずかしくなっています。また、接客応対を中心に据えた店舗販売においては、「業務の効率化」による価格訴求で差別化することも困難です。

そうした中、より高額な着物類を売って客単価を上げようと意図する店舗が現れたり、固定客に着物以外に宝飾品や毛皮、バッグ、靴などの高額商品を販売して売上を確保しようとする店舗が現れるようになりました。こうしたことから呉服店のイメージが悪くなり、客足が遠のくといった深刻な事態を招きました。

商品や特売情報が一切ない「手書きの通信」を発行

2004年(平成16年)に父親から4代目を継いだ由紀子社長は、従来の呉服店の営業

INNOVATION CASE 4

スタイルである、お客様の自宅を訪問してコミュニケーションを図り、催事に来てもらって販売する形態から脱却することを早々に決意しました。

先代の頃から社員は女性ばかりで、みんな活躍していましたが、平日に訪問しても不在のため土日の訪問を余儀なくされるなど社員の負荷が高く、疲労も蓄積している状況を脱却する必要があったためです。

「外に出る営業をやめて、店頭にお客様の方から来ていただきたい」と考え、どうすれば良いか思案しました。

お客様とコミュニケーションを図る方法がほかにあれば、社員は店舗でお客様の応対をして、空いた時間には着物の知識や着付けなどの技術を磨くことに専念できます。この実現のために情報収集をして出会ったのは、『失われた「売り上げ」を探せ！　商売繁盛の大冒険』（フォレスト出版）という1冊の本と、その著者である小阪裕司氏が主催する「ワクワク系マーケティング実践会」でした。

勉強会に参加して学んだことをもとに、ＤＭによるご案内を「通信」という新聞に変え、お客様の都合の良いときに読んでいただくことでコミュニケーションを図ることにしました。

お客様と信頼関係を築くことを最優先

この通信は一般的なチラシとはまったく異なり、店員のプロフィールや近況、イベント案内や着物の知識についての記載はありますが、商品の価格や特売情報などは一切ありません。あくまでもお客様とのコミュニケーション・ツールとしての位置づけで発行されており、店舗や店員を知ってもらい、親しみを感じてもらい、興味や関心を持ってもらうことで、店舗を訪問したいと思わせるユニークな内容が満載の新聞となっています。

ほぼ手書きであることも手伝って、人の暖かさが伝わってくるしかけとなっており、配布早々からおもしろいと評判になりました。

通信を発行したその月から社員は自宅訪問をやめたのですが、周囲と社長自身の心配をよそに売上が落ちることはなく、店舗に話をしに来てくださるお客様も順調に増えていったのでした。

山本呉服店を訪れるお客様の大半は女性です。通信を読んで共感することがお客様と店舗との橋渡しとなり、来店誘導に直接結びついたのです。

INNOVATION CASE 4

翌年にベテラン社員2名が退職しても、病気で社長が3カ月不在となっても、店舗に社員が常時いる体制になっていたことと、みんなが力を合わせたことで売上は変わらず、無事に乗り切ることができたそうです。

着物愛好家が楽しめる店にする

商業界ゼミナールやワクワク系マーケティング実践会に参加して、真剣に耳を傾けた由紀子社長は数々の学びを得て、小坂裕司氏が唱える「人にフォーカスする商い」の3本柱「顧客づくり」「動機づけ」「毎日来たくなる店になる」を自社の実情に合わせながら実践したのでした。

通信の発行と合わせて、店舗でのお茶出しはもちろんのこと、全国で珍しい菓子や健康に良い調理用油を取り寄せて販売したり、お客様の誕生日会を開いたり、着物で出かける観桜会などのイベントを月1回以上開催したりと、数々の工夫を凝らしてお客様と交流したのです。

今では日本人のライフスタイルの中で、着物で出かける機会は冠婚葬祭など儀礼的な場面、すなわち偶発的な非日常の世界に限定されています。会員制で参加者を募り、着物が似合う上質な空間、おいしいものが食べられたり、うれしく楽しい思い出が記憶、そして記録として写真に残る場所への小旅行を山本呉服店が主催し、休日の過ごし方として提案しました。

2013年に「社長のアカデミー賞」でグランプリを受賞

着物を「儀礼的に着る」から「好きだから着る」に価値転換したことで、新たな需要も生まれ、着物が好きなお客様同士の良質なコミュニティーも形成されて、好循環が創出されました。

多くの呉服店が売上を減らし、閉店を余儀なくされる店舗も出てくる中、山本呉服店は業績を伸ばし続けて呉服業界の奇跡と賞賛されるようになり、日経MJ「招客招福の法則」、中日新聞「老舗のヒミツ」で紹介されました。

「ワクワク系マーケティング実践会」では、千数百社ある会員の中で注目すべき取り組みを表彰する「社長のアカデミー賞」において、由紀子社長は2013年(平成25年)の

INNOVATION CASE 4

グランプリを受賞。四半期の売上が対前年比で１９０％という驚異的な実績を達成してのことです。それまでの苦労が結実し、報われた瞬間となりました。

「江戸時代から続く呉服店の一人娘として生まれ、着物にどっぷり浸かり着物を広めることで誰かのお役に立つ」ことを使命として長年走り続けた由紀子社長は、２０１８年（平成30年）に長女の千恵子さんに社長の座を譲ることにして、後のことは絶対に口出しをしないと決めました。

激変する社会環境に適応していくには、これからの時代を生きる人が責任と覚悟をもって采配を振るうべきと考えたことと、店舗経営の中では実現しえなかった「日本文化を伝承する」使命感を胸に、京都に新たな店舗を出店することを決意してのことでした。

インターンシップの受け入れで、将来のお客様を育てる

４代目社長の母親から事業承継した5代目の千恵子社長は、山本呉服店全体を係数面で統括して見守る父親の山本千歳相談役の支えのもと、イキイキと働く社員たちの活躍を受けながら、社長就任早々に新たな取り組みやしくみづくりをはじめました。その中

のひとつに、学生のインターンシップ受け入れがあります。

核家族が一般的になって祖父母と同居している家族は減っています。また、母親が入学式に着物で出かけた記憶がある子も減っています。着物に触れる機会が少なくなり、七五三も成人式もレンタルですませてしまうのが実情です。

そうした日常生活から、「着物に愛着なんて生まれるわけがない」「着物の存在さえ忘れられてしまう」という危機感を長らく抱いていた千恵子社長は、中学生、高校生で着物に関心がある生徒たちをインターンシップ生として受け入れることにしました。

日本の伝統文化や儀式の由来を説明することからはじめ、どの機会に、どの着物を着用するのがふさわしいのかといった説明や、着物がある生活の紹介をしています。障子張りやはたきでの掃除など、山本呉服店の日常業務で当たり前に行われている仕事の体験も、子どもたちには珍しく楽しそうに学びます。

就業規則の改善、工房見学と社員が意欲的に働ける環境を整備

中でも一番盛り上がるのは接客体験で、お客様役（祖母、母、娘）と店員役（メイン、アシ

INNOVATION CASE 4

スタント）に別れて着物の販売について実演します。着物を売りつけるのではなく、相手に似合うものを一緒に選びます。そして気に入ってもらえるように良い部分を説明するのです。

このやり取りが非常に盛り上がり、学校の先生の見回りでも「ここが一番楽しそう」と言われるほどで、生徒たちも終わりが近づいても「まだ帰りたくない、続けたい」と言うのだそうです。楽しい体験を通して良い思い出として着物が生徒たちの記憶に残り、学校で発表することで伝搬します。

職業体験としてインターンシップの場を設け、楽しく思い出に残るインパクトのある経験を重視してプログラムを組み、着物を身近に感じてもらい、着物が楽しい時間を生み出すことを知ってほしいと千恵子社長は考えています。

また、反対意見があったものの定休日を1日から2日に増やし、営業時間を変更して閉店時間を1時間早めることで社員の就業環境を良くしました。さらに、メーカーの工房見学やプロカメラマンによる写真撮影講座など、社長と社員の垣根なく、勉強の機会を増やして接客応対能力の向上に努めています。

日本文化を伝承する「山兵さろん」を京都に出店

由紀子会長は3代目の父親が当主になる前、2代目社長の弟が京都・西陣で経営していた呉服問屋を10年ほど手伝っていたご縁から、大学時代を京都で過ごしました。また、山本呉服店はすべて京都から仕入れた着物を販売していました。

こうした経緯から、「日本文化を伝承する」という由紀子会長の新たな使命を果たす地を京都に定め、２０１９年(令和元年)に山本呉服店京都店として「山兵さろん」を京都市四条烏丸で開店、着物の用事がなくても気軽に立ち寄ってもらえるようにと、中心市街地の京町家を出店先に選びました。

用がなくても気軽に寄ってもらえる場、着物が好きな方が仲間と出会う場、着物に触れて体験できる場、そうした想いを込めて「店」ではなく呼称に「さろん」とつけました。

長年の呉服店経営の中で培ってきた着物に関する知識と経験を活かす場として、お客様との応対でわかった着物に関するお困りごとを解消する情報発信の場として、また、潜在的なニーズを発掘する場として、さらには由紀子会長自身のチャレンジ・ショップとして、成人男性（特に若手経営者）向けのビジネスシーンでの和装の提案など、数々の取り組みをはじめています。

着物の知識がない「きもの難民」向けの有料相談会も開始

女性向けには、母親から引き継いだ着物があっても知識がないのでどうすればいいのかわからず、片付けたままになっている「きもの難民」の救済（相談に乗る）、最善の方法で着てもらえるように提案するサービスなどをはじめています。

かつては無償で対応してきた、知的サービスや自社の持つコンテンツを有償対応とすることで、あとで「買わなければならない」強迫観念からお客様を解放して、安心して相談できる対応にしようとしています。

相談の結果、他店で取引しても構わないと明確に説明し、何よりお客様に寄り添うことを第一にしています。

時代は混沌として先が見えません。ただ単に数字を追うだけの今までの経営手法に限界を感じている経営者が多いことを敏感に察知した由紀子会長は、日本型で長く続いている長寿の老舗企業や伝統文化は、切り口を整理して視点を明らかにすることで経営に活かせると考えて、セミナー事業も開始しました。

「一見さんお断り、３５０年続く花街に学ぶ会員ビジネス」「非公開寺院で静かに自分と向き合う特別な座禅会」「経営者必修の思考法を茶道から学ぶ」など伝統文化を融合した経営セミナーは、大変好評を博して人気講座となっています。

呉服業界は自分で対象顧客を制限して市場を狭くしてきたと反省する由紀子会長。呉服店として今後、事業を成り立たせるには「自店で需要を創る」しか生き残る道はないと自覚して、自力でファン層をつくり出し、唯一無二の存在になろうと日々新たな挑戦を続けています。

老舗が老舗として存続できるゆえんとは何か

外部環境の移り変わりは激しく、変化のスピードはますます早まるばかりです。古くはケインズ（計画経済）か、フリードマン（市場主義）か、最近では自由貿易か保護貿易かといった、真逆ともとれる主義主張が急転直下に方向転換し、国家や企業経営を直撃する

INNOVATION CASE 4

局面を、長い歴史の中で私たちは幾度となく経験してきました。

そうした環境下においても、まもなく創業130周年を迎える山本呉服店などの老舗企業は存続して、長い歴史を刻み続けています。業界がどこであれ、長く着実に苦労しながらも健全な経営を続けているのです。

私は10年近く公的なポジジョンで産業経済振興ならびに地方創生の場において、数多くの経営者と接してきました。ダーウィンの言葉とされる「最も強い者が生き残るのではなく、最も賢い者が生き延びるのでもない。唯一生き残るのは、変化できる者である」とは言い得て妙です。

よく言われることですが、いかに環境の変化を敏感に察知して、適応できるよう自らの業態やルーティーンを変化させていけるかどうかが、伝統を守りつつ成長し続ける企業の成功の分岐点であることを、多くの経営者と接する中で法則として見出しました。

少人数オペレーションの「起動力」「軌道修正力」が中小企業の強み

呉服店業界では、大型倒産が1999年(平成11年)頃に立て続けに起きました。規模が大きくなると、財務能力や総人員数を背景とした業務の効率化を強みとして、大型設備投資、大量仕入れや人海戦術による低コストオペレーションを利益の源泉とします。

しかし、タイタニック号が氷山を見つけて舵を切っても船体が大きく避けることができず衝突し、やがて沈没してしまったのと同じで、売上が落ちても効率重視の社内指標が邪魔をして設備稼働を止められなかったり、システムが小ロットに対応できなかったりと、一気に高コスト体質が露呈します。

この観点からは、中小企業の強みは少人数オペレーションによる「俊敏な起動力」と「軌道修正能力の高さ」にあると言えるでしょう。それでもなお、経営者が過去の成功体験の呪縛にとらわれていたり、社会的な地位や自分のプライドに固執していては、柔軟な発想で方向転換することはできません。

また、外部環境の変化に敏感であるためには、人の話に真摯に耳を傾ける実直な姿勢と、ただそれを盲信するのではなく、自社の身の丈や歴史的背景、企業理念や人員構成を鑑みて最適化して導入するための、「高い思考能力」と「冷静な判断力」がなくてはなりません。

INNOVATION CASE 4

老舗企業から事業承継の潔さを学べ

山本呉服店はより良い品質の商品をよりお値打ちにお客様に届けようと、卸売問屋を介さず生産者との直接取引で、買い取りで仕入れをしています。直接取引であっても委託販売では仕入れ値が安くはなりません。自社が売り抜く自信を持って商品を買い取ることで、生産者との信頼関係も強固なものとなります。

その過程では商取引上の業界慣行(流通経路)を突破することで、摩擦軋轢も生まれたことでしょう。しかし、「店はお客さまのためにある」との信念を貫き通してきた山本呉服店が繁盛し、他の店舗が苦戦を強いられているのが現在の姿です。

事業が斜陽となり経営基盤が脆弱となる中で、まったく異なるターゲットに向けて、まったく異なる商品を取り扱うことで起死回生を図ろうとしても、経営資源もノウハウも乏しく成功に至る確率が低いことは火を見るより明らかです。

山本呉服店では、３代目が「着物だけを扱う専門店として生きていく」と経営判断したことを４代目も５代目も守り続けています。その過程で何よりお客様に寄り添うことを第一に、営業スタイルや仕入れルートを変え、苦労を重ねながら事業に邁進してきたことで、地域の人々に愛され、頼りにされる呉服店の地位を築き上げました。

「伝統を守る」には「革新し続ける」ことが必須条件

このように事業を継承して「伝統を守る」ためには「革新の連続」が必要であることがわかります。また、「守る」もの(こと)と「変える」もの(こと)を取り違えてしまうと、やがて経営は立ち行かなくなってしまいます。

自社を取り巻く外部環境が時代の流れとともに激しく変化する中、自社の売上や個人の利益、業界の都合を守ろうとして、誤った経営判断のもとで企業の存続を危うくしてしまう事例は、枚挙にいとまがありません。

視点が自社や業界に向いており、お客様に向いていないことが、最大の敗因と言えるのではないでしょうか。また、老舗企業が事業承継する際の特徴として、山本呉服店でも見られたように、代替わりの際に先代社長があっさり、さっぱりと次の代に任せて、自分はきっぱりと手を引くことが挙げられます。

これと対照的に、苦労の末に一代で叩き上げて地位を築いた社長に多く見られるので

INNOVATION CASE 4

すが、自分のプライドと未練もあって次の代になかなか譲らず、あれこれ口を出して揉めてしまうことで事業承継がうまくいかない、という例が散見されます。

潔く次の代に譲るという経営者の態度は、老舗でなくても学ぶべき経営者の基本姿勢であると言えるでしょう。

第5章

INNOVATION

卸売業の小さなイノベーション

夜明け

INNOVATION
CASE
5

米油での手揚げのおいしさにこだわる「大地のかりんとう」誕生秘話

和菓子職人まっちんとのコラボが生んだ「保存料・酸化防止剤を一切使わないおやつ」として評判に

［岐阜市］合名会社山本佐太郎商店

大地のかりんとう

4代続く飲食店向け調味料（油や醤油）の卸売問屋。大手飲食店のロードサイド出店やショッピングモールのフードコート展開で地元飲食店が閉店を余儀なくされ、取引先が激減する中での逆転劇とは？

INNOVATION CASE 5

菜種油を精製販売する「油メーカー」から「油問屋」へ業態転換

木曽川、揖斐川とともに木曽三川を構成する長良川が町の中心部を流れる岐阜市（岐阜県の中南部に位置する中核都市）に、１８７６年（明治９年）創業の老舗油問屋である合名会社山本佐太郎商店はあります。

岐阜の地名は織田信長が美濃国を攻略した際に命名したとされ、戦国時代より岐阜城を頂きに構える金華山の麓が城下町として栄え、楽市楽座《らくいちらくざ》によって自由な商取引が行われたことで商工業が発展し、地域経済が活性化してきたという歴史があります。濃尾平野の最北端にあたり、北部一帯の山林を背にして名古屋港まで広く平野が続いています。

山本佐太郎商店は戦前まで菜種を石臼《いしうす》ですり潰して菜種油を搾油し、精製販売する油の製造業者でした。今では電灯に置き換わりましたが、江戸時代に菜種油は提灯や行灯の明かりを取るための貴重なエネルギー源として用いられていました。

また、それぞれ代替品の工業製品が市場を席巻していますが、当時は傘や合羽といった多目的用途の生活用品で使われていた和紙に塗ることで、防虫、防カビ、防水機能を発揮する塗布剤として重宝されていました。これらが電気や代替品に置き換わり、用途は主に食用に限られるようになっていきました。

外食産業の発展で高まった飲食店からの食用油のニーズ

菜種は別名「菜の花」と呼ばれる黄色の花をつける植物であるアブラナの種《たね》ですが、古くからわが国で食用としても親しまれてきた日本在来種と、明治初期に輸入されたセイヨウアブラナがあります。油や肥料の原材料として栽培に手間がかからず収量が多く、種子さえ確保できれば搾油も容易なため、かつては国産100％の貴重な資源として栽培が奨励されてきました。

現在も北海道を主な生産地として青森など全国各地で栽培されていますが、菜種油の原材料としては、国内消費量のほとんどをカナダからの輸入に頼っているのが現状です。

第二次大戦の岐阜空襲で工場が焼失してしまった山本佐太郎商店は、戦後に問屋業へと業態転換して今日に至ります。戦後から高度経済成長期に至り、日本人のライフスタイルが西洋化するとともに外食産業が発展し、食用油のニーズが高まったことで飲食店向け取り扱いが主たる事業に転換していきました。

INNOVATION CASE 5

また、これと合わせて調味料なども取り扱うようになりました。時代の移り変わりで業態や販売先が変わってきましたが、社名にある山本慎一郎現代表の曽祖父にあたる創業者の名前の「山本佐太郎」を今も大切に守り続けています。

父の急死で転機を迎え、卸売業を継ぐことに

４代目の山本慎一郎代表が入社したのは、南山大学経営学部を卒業した１９８７年(平成９年)のことです。海外渡航を夢見ながら、父親の仕事を手伝う程度のほんの軽い気持ちで配達の車に同乗する日々を過ごしました。

当時の慎一郎さんの風貌は、日焼けで真っ黒になった顔に長髪という出で立ちで、身だしなみや素行が営業にそぐわないと父親から頻繁に叱られ、衝突が絶えませんでした。事業を継げと言われたことはなく、その意思は漠然としていた慎一郎さんでしたが、半年後に父親が急逝。期せずして人生の転機を迎えました。

祖父がはじめた飲食店向けの卸売業でしたが、岐阜市近郊に当時５００店ほどの取引先があり、売上は順調に伸びていました。ただし、代表に就任した１９９８年(平成10年)

はエルニーニョ現象の影響から、世界的に異常気象となったことで原材料が高騰し、価格競争も厳しくなるなどして、利益を出すのがむずかしくなりつつありました。

父親の急逝はあまりにも突然のことで、右も左もわからないまま心構えもなく代表になったのでした。しかし、幸いにも半年間お客様まわりに同行していたこともあり、顔馴染みになっていたお客様の支えもあって覚悟を決めました。

「店を継ぐこと」は「お客様を継ぐこと」という気づき

今の姿からは想像もつきませんが、会社を継ぐまではヒッピーカルチャー（アメリカで脱社会的な思想や行動を支持した人たちが生んだ独自の文化）に傾注し、長髪に破れたジーンズ姿の自称「チャラチャラした中途半端な若者」だったという慎一郎さん。まずは生きていくために、そして「親父さんに世話になったから」という多くのお客様に後押しされて、「店を継ぐことはお客様を継ぐこと」だと実感し、次第に代表としての自覚を深めていきました。

父親が長年培ってきた信頼関係と、慎一郎代表の明るく朗らかな性格も手伝って、お客様との良好な関係は継続し、離れていく取引先はありませんでした。

飲食店向けの食料品卸売業は、店舗に材料の供給をしていることから、店舗ごとの日々の客数などの趨勢が手に取るようにわかります。

慎一郎代表は10年ほど事業に邁進する中で、岐阜市近郊のロードサイドに大手飲食チェーン店が乱立するようになり、紡績工場の跡地などにフードコートや飲食専門店を有するショッピングモールが数多く造成される姿を目の当たりにしてきました。

街の飲食店は次第にかつての勢いを失い、閉店を余儀なくされる取引先も出てくるようになり、このままの業態では続けられないと痛感するようになったのでした。

INNOVATION CASE 5

流通の中抜きで食料品卸売業が苦境に

山本佐太郎商店の主たる事業は、日本標準産業分類で「飲食料品卸売業（中分類「52」）」に該当し、小麦粉などについては「農畜産物・水産物卸売業（小分類「521」）」のうち「雑穀・豆類卸売業（細分類「5212」）」、食用油などについては「食料・飲料卸売業（小分類「522」）」のうち「その他の食料・飲料卸売業（細分類「5229」）」とそれぞれ分類されています。食料品を仕入卸売するこの業種は飲食料品の種別ごとに分類されており、裾野は幅広く、生活必需品を扱うことから業界全体としては景気動向にあまり左右されないと言われています。

しかし、景気動向とは別に昨今ではインターネットを介した商取引の普及もあり、卸売業を経由しない生産者と消費者の直結による「流通の中抜き」が進み、食料品卸売業は取扱量を減らす傾向にあります。

また、資本力を有する大手小売業者の多くは、自社の取扱量拡大にともない独自の仕入れルートやプライベートブランドを確立するようになり、卸売業の参入余地は狭められています。さらに、中小規模の小売店舗は合理化・効率化されたスーパーマーケットやコンビニエンス・ストアに押されて減少の一途をたどっています(図表5－1)。

大手資本によるチェーン店は食材の一切を集中購買で調達

山本佐太郎商店のように地域の飲食店を主たる取引先とするケースは、大手資本による全国規模でチェーン展開する飲食店がロードサイド店舗を中心に増えたことや、ショッピングモールなど大型集客施設にフードコートや飲食専門店が出店してきたことが大きく影響しています。

地域の飲食店は集客に苦戦し、閉店を余儀なくされる事業者も後を絶たず、取引先が次第に減少する傾向にあるのです。大手資本によるチェーン店は、食材の一切を集中購買によって調達することがほとんどで、地域の食料品卸売業が参入する余地はありません。

卸売業が自社の既存事業（本業としての卸売業）を盤石なものとするためには、まず商品や価格の優位性によって取扱規模を拡大し、市場での影響力を高めることが必要となります。また、大型の設備投資をとも

図表5-1　食料・飲料卸売業（小分類522）の市場規模の推移

年次	事業所数（件）			従業者数（人）	年間商品販売額（百万円）
	合計	法人	個人		
平成3年	56,658	39,317	17,341	560,970	47,844,114
平成6年	53,687	37,867	15,820	573,349	47,381,475
平成9年	47,485	34,503	12,982	518,796	46,432,087
平成11年	50,723	37,079	13,644	563,508	49,447,282
平成14年	45,295	33,920	11,375	505,073	44,017,441
平成16年	45,054	33,915	11,139	481,614	43,812,204
平成19年	38,214	28,654	9,560	427,429	40,697,701
平成24年	36,924	30,486	6,438	397,381	42,255,853
平成26年	39,002	32,346	6,656	421,587	40,858,572
平成28年	35,672	30,626	5,046	414,287	52,059,294

※総務省・経済産業省「平成28年度経済センサス－活動調査 総括表第一表」より抜粋

なって、高度な配送システムの構築による合理化・効率化の追求や、優れた品質管理体制を整備することが求められます。

もしくは投資をともない、上流の生産工程や下流の小売業または飲食業に進出し、垂直統合することにより特定の市場を席巻するなどの方策も考えられますが、いずれも地域の中小規模の食料品卸売業で実現することは困難です。

地域性と希少価値が高い製品を扱うことが差別化策となる

大手資本による飲食店の全国展開で、地域の飲食店や食料品卸売業が苦戦を強いられる一方で、業界大手の食料品卸売業は三菱商事、伊藤忠商事、三井物産といった総合商社系列の事業者が占めており、販売額も維持・拡大しています。

この大量生産・大量消費の流通分野に地域の中小規模の食料品卸売業が参入することは、自社や取引先の企業規模や資本力などといった経営資源のどの面を見ても困難です。小量生産の国内メーカーを掘り起こして、協働してプロデュースするなどの独自路線を模索して差別化を図る必要があります。

INNOVATION CASE 5

油や小麦粉、味噌や醤油、酢やみりんなどは、全国各地でそれぞれ独特の製品が製造されてきた歴史があります。味噌で言えば素材の違いから米味噌、麦味噌、豆味噌があり、色の違いから赤、白、合わせがあり、味の違いで辛口、甘口などが北海道から九州まで広く分布しており、地域の特産品となっています。

また、醤油も素材の違いに起因する「うすくち」「たまり」「しろ」など地域性を有した商品が数多く存在します。こうした希少価値の高い素材を使い、料理のレシピや新商品の開発を生産者とともに行うことが、一つの差別化要素となるのです。

「和菓子職人まっちん」との出会いが新たな価値を生む

慎一郎代表が22歳で会社を継いだ頃からずっと、母親の山本和子さんが経理と仕入担当として、日頃留守になる店を守っています。また、同年代であり、当時入社したばかりだった国枝寿典さんと二人三脚で、山本佐太郎商店の事業活動を無我夢中に進めてきました。

代表に就任して10年が経過する頃には、何か「新しい価値」を生み出さねばと日々模索します。自社の強みは何かと自ら問い直しながら、毎日の営業活動や配達業務で客先をまわり情報収集に努めました。このままの業態では限界があるとの想いから、外部の経営資源との連携を図ろうと考えたのです。

当時から出入りしており、今も取引のある山本佐太郎商店の得意先の一つに、岐阜市の市街地にある「柳ヶ瀬商店街」に店舗を構える和菓子店「ツバメヤ」があります。

素材にトコトンこだわったどら焼きやわらび餅などがとてもおいしいと評判で、名古屋駅前の一等地にある商業施設にも店舗を構え、開店前から行列ができるほどの人気店です。

「おいしい和菓子の店」と評判を呼ぶも過労でやむなく閉店

この店ですべてのレシピを取り仕切る、和菓子職人の町野仁英《きみひで》さんと2010年(平成22年)に出会ったことから、慎一郎代表の「新しい価値」を生み出す一歩は踏み出されることとなりました。

町野さん(通称まっちん)は、忍者の里として知られる三重県伊賀市の出身で、会社勤務時代に「食」に関心を持ちはじめて自然食や玄米菜食を学び、そのこだわりは地元の農家で1年間アイガモ農法による無農薬の米づくりを学ぶほどの職人気質で、物静かな青年です。

できた米や雑穀を使って地元のイベントに出店しないかと誘われ、「おはぎ」「草餅」などをつくったことがきっかけとなり、祖父が有名な和菓子職人であったこともあって、自らも和菓子職人の道へと進んだのでした。すべて独学で修得し、素材にこだわった和菓子づくりが強みです。

町野さんは2004年(平成16年)に「和菓子工房まっちん」を立ち上げると、素材が本来持つ素朴なおいしさを生かした和菓子が評判となり、雑誌で紹介されたことから全国規模でファンが広がることとなりました。

ひとりですべてを切り盛りしていたところに、こなしきれないほどの大量注文を受けることとなり、3カ月待ちのオーダーを誠実にこなそうと寝る間も惜しんで仕事を続けたことから過労で体調を崩しました。

やがて事業を継続することが困難となり、閉店を余儀なくされ、その後、腕を見込まれて岐阜にやってきたのでした。

ふたりの思いが詰まった菓子「大地のかりんとう」

柳ヶ瀬商店街にある和菓子店「ツバメヤ」で腕を振るい、真摯で誠実な態度で和菓子づくりに取り組む町野さんと出会った慎一郎代表は、年齢が同じということと、お互いの素材へのこだわりの高さから早々に意気投合しました。

一緒に新しい価値のある商品を生むことに踏み出すこととなり、油問屋のこだわりとしては最高品質で体にも良い油を使って、素材にこだわる和菓子職人の腕で最適な商品のアイデアを出して欲しいと依頼をしました。そうしたところ、「油で和菓子ならば、かりんとうでしょう」という提案がされました。

かりんとうに使用する小麦粉も揚げる油も、山本佐太郎商店の得意とするところです。小麦粉は栄養価の高い石臼挽きの全粒粉（小麦を丸ごとすべて粉状にしたもので、表皮、胚芽、胚乳を含み、食物繊維や鉄分、ビタミンB1の含有量が高いのが特徴）を厳選し、平飼いの有精卵をつなぎとして使い、純国産のヘルシーな米油で手揚げするという材料選定のアイデアがすぐに浮かび、町野さんによってレシピが決められました。

素材の持ち味を最大限に活かして「大地」を感じて欲しいとの想いから、「大地のかりんとう」と命名することにしました。

製造は自社設備のある「社会福祉法人いぶき福祉会」に委託

こだわっている素材や想い、そしてネーミングやストーリーがしっかりと伝わるように、パッケージにもトコトンこだわって、絵本作家さんに依頼してイラストとタイトル、そしてメッセージも制作してもらいました。女性を主なターゲットに想定した素朴な配色で、かわいいデザインで食べながら会話が弾むような、軽快なイメージのパッケージができあがりました。

また、日射しが当たると酸化して味と品質が劣化してしまうことから包装紙にもこだわり、一度で食べ切れるような分量の80グラムの小さな個包装を一単位として販売することにしました。

「大地のかりんとう」の生産は、山本佐太郎商店が自社で新たに設備投資をするのではなく、すでにかりんとうを自社設備で製造販売していた社会福祉法人いぶき福祉会に委託することにしました。

いぶき福祉会では、障害のある人々がイキイキと暮らせるように仕事や地域との連携をサポートしており、「ねこの約束」というブランド名でかりんとうをつくるノウハウと実績があったためです。こうして準備が整い、ふたりが初めて出会い意気投合してから2年後の2012年(平成24年)に、全国に向けて販売を本格開始することとなりました。

初出店の試験販売先で、なんと300袋を売る

本格的に「大地のかりんとう」として販売開始する前段階で、「油屋のかりんとう」というネーミングでコストもなるべくかけない状態のパッケージにし、地元のイベントで試験販売して評価を聞くテストマーケティングのプロセスを踏んでいました。

しっかりとメッセージを伝えたいとの想いから、一つひとつ手渡しで丁寧に手売りしたところ、初出店のイベントで予想もしない300袋も販売することができ、大きな自信となりました。その後も地元のイベントで着実に高い評価を得ていったことで、全国に販路を拡大していくことにしたのです。

満を持して全国展開を図ろうと慎一郎代表は、本格的に販路拡大するのであれば既存

の流通網としてスーパーマーケットが良いのではないかと考えて、相談に行くことにしました。すると面談したバイヤーの担当者から

「消費者の行動は0・2秒で決まるので、中身が見える包装で価格を抑えるように」

と要請されたのでした。包装紙は遮光性を確保するために、意図して中身が見えないアルミ素材としており、原材料も安全性とおいしさを優先し、袋詰めも割れを最小限に抑えるために機械式ではなく人の手で丁寧に行っているのです。

商品のプロモーションは公的機関の支援制度を利用

自分たちが進もうとしている方向性と、スーパーマーケットなど量販店が求める商品は異なると直感して、徹底したこだわりに理解を得られる販売先を探すことにしました。商品のプロモーションに際しては、展示会出展などにかかる費用に補助を受けられる公的機関の支援制度(地域活性化ファンド補助金)を活用。事業計画のブラッシュアップのアドバイスも受けながら、ギフトショーなどのテーマ型見本市(展示会)に出展して、町野さんとふたりで付加価値の高い商品を丁寧に売っていく販路開拓を進めていきました。

商品の適正な価値をわかってもらえる人々にアプローチしたいとの想いから、ショップ側も来店客も感度が高いインテリア・ライフスタイル・ショップ（家具や書籍、衣食住関連商品を扱う専門店）を主な販売先ターゲットに設定しました。

ターゲットを絞り込んで展示会やイベントに出展したことで、安易に販売数量の拡大を求めて安売りに走ることなく、価値観の共有を第一に丁寧な説明のもと販路開拓を進めていった結果、300社と名刺交換して80社との取引がスタートするといった高いレスポンス率で売り場が確保されていきました。

素材も徹底的にこだわる「大地のおやつ」シリーズ

慎一郎代表の「毎日、安心して食べてもらいたい」という開発当初からのコンセプトを大切にして、町野さんは素材の選定には徹底してこだわりました。通常の和菓子には、甘さを引き立てるために化学生成される上白糖を使用するところを、自然の栄養価やミネラル、そして風味を損なわないように粗糖を使用することにしたのです。

また、保存料や酸化防止剤も一切使用しないことから、小さい子どもでも安心して口

INNOVATION CASE 5

にできる数少ないお菓子として、健康志向の高い老若男女から幅広く支持されるようになり、口コミが広がって販路も拡大しています。

開発当初からのコンセプトにはもう一つ、「30年後も愛されるおやつづくり」があります。安心で、気軽で、飽きがこないことを大切に商品開発に取り組み、全国で取り扱いのある５００店舗以上の売り場のニーズに応えるためにも、商品ラインアップとして「大地のおやつ」をシリーズ化しています。

いぶき福祉会のほかにも商品ごとに生産委託する工場を慎一郎代表が探してきて交渉し、「大地のかりんとう」で構築したお客様の期待を裏切らないように、量産までの過程で町野さんが工場ラインに乗り込んで、徹底して品質を追求しています。

インターネット販売の充実で贈答品需要も順調に開拓

10年、20年、30年経っても、「大地のおやつ」を変わらず多くの人々に食べてもらいたい。そして、今、食べてくれている子どもたちが親になったときにも、自分の子どもに食べさせたいと思ってもらえるおやつでありたいと考える慎一郎代表は、長期的な視点で町野さんとともに年に2つのペースで新商品の開発に取り組んでいます。

自分にも子どもが生まれてからは、スーパーマーケットなどで手にする商品の裏書きを見て渋い顔をしているお母さんの気持ちが良くわかるようになり、材料の選定にはより一層配慮するようになりました。

「大地のおやつ」シリーズは、中川政七商店などのライフスタイル・ショップや蔦屋書店など全国の書店、そしてコーヒーショップや高級雑貨店などで売られているほか、今ではスーパーマーケットでも価格や包装を変えずに取り扱われるようになりました。

大量に消費される一般大衆向けの菓子類とは一線を画しており、贈答品としても選ばれる存在となっています。また、自社で運営するインターネット通販サイトも充実させて、メディアでの紹介などで知った新規のお客様や店舗で購入したリピートユーザーが直接購入できるように整備しています。

信念に基づく判断が事業を成功に導く

ナショナル・ブランドや海外ブランドのライセンス商品として全国規模で大量に販売

INNOVATION CASE 5

される菓子類は、大型工場のコンベアラインでとても早いスピードで連続してつくられ、自動で包装されて目まぐるしい速さで段ボールに梱包されて出荷されていきます。

準備段階で大規模投資による大型設備導入をともない、大量の素材を調達して連続運転し、保管する大型倉庫も必要となります。一旦稼働させると効率性重視のため容易に機械停止させることはできず、安定的に数量を確保することは強みとなりますが、「大地のおやつ」のようにはつくれないのです。

全国に向けて大量に出荷される菓子類は、品質を安定させるためであったり、ある程度の在庫期間を見込んで生産しなければならないことから、人の健康を損なう恐れのない範囲内で、保存料や甘味料、着色料、香料などの食品添加物の使用を避けることがどうしても困難です。

健康志向が高まる中で消費者の意識も高まりつつあり、この一点だけでも「大地のおやつ」シリーズが一般のお菓子類と大きく差別化が図られているポイントであると言え、バイヤーの目にも留まって潜在的なニーズを掘り起こすこととなって、販路は次第に、より一層広がっています。

商品を市場に向けて送り込む際に慎一郎代表は、地元でイベント出展するなど着実にテストマーケティングを重ね、お客様の反響に耳を傾けながら小さくスタートしました。一般的に自社商品や新商品を企業がつくろうとした場合、経営者の心情的にも、まず自社で設備しようと考えます。

そうしないとノウハウが構築できないし、すぐに模倣されてしまうと考えてのことであり、メーカーであれば設備を所有することが資産となるので、自己目的化するケースもあります。でもそれでは資金負担が先行し、高コスト体質の呪縛から逃れられなくなります。

「初期投資」「試作開発費用」を最小限に抑えたスモール・スタートを貫く

「大地のかりんとう」を量産する過程では、すでにノウハウを有している他社に委託しようと考えて、初期投資や試作開発費用を最小限に抑えたスモール・スタートを貫きました。設備を自社で導入すると、稼働率という社内指標のもとで稼働させること自体が自己目的化してしまい、往々にして大量の在庫を抱えることになってしまうものです。

卸売業であるがゆえの良い意味での商社的発想（事業で利益が確保できるのかどうかを最大

の関心事とする考え）で、社会福祉法人と生産委託の契約を締結したことで、新規市場参入時のリスクを回避しました。

社会福祉法人への生産委託は、障害者福祉の観点から社会貢献度の高い取り組みとして高く評価され、山本佐太郎商店が自社の利益だけを追及しているのではないという良質なメッセージにもなっています。安定した高品質と急拡大する生産数量を確保するために、町野さんが工場に入って支援し、慎一郎代表が理解と納得を得るために親切、丁寧に説明を重ねました。従来型の産業構造であれば、協力工場（下請け企業）は徹底した効率化と低価格化の要求を突きつけられて四苦八苦するところですが、協働するパートナーとして関係は対等です。

INNOVATION CASE 5

オープンイノベーションが意図することとは？

町野さんと一緒に商品開発をはじめるにあたって、慎一郎代表はお互いの持てる力をいかんなく発揮できる最適な環境と関係を構築するにはどうすれば良いか、慎重に思案しました。そして、両者合意のもと、レベニュー・シェア（支払額を固定せず、リスクを共有しながら協働し、獲得した利益を契約時に合意した割合で配分する）方式で業務契約を締結しました。

通常のケースでは、職人を雇用して一子相伝・秘伝のレシピを獲得しようと考え、内製化に過剰な期待をしてしまいますが、それではスタート時から固定費負担が大きくなってしまいます。

「新しい価値」で得られる応分の利益を分かち合うことで、より一層強固な関係を築きながら事業を進めていくことができました。大企業と比較して、中小企業で最も脆弱な経営資源と言えば資金力でしょうが、初期に自社で大規模な投資をしないスモール・スタートが、かえって周囲の人々との良好な関係の構築と着実な事業推進に役立ったのでしょう。

従来あるピラミッド型の産業構造における上下関係では、協力企業は徹底したコスト削減を求められても、依頼企業が獲得した利益をシェアしてもらうなどといったことは到底考えられません。

リスクと利益を共有・配分する「レベニュー・シェア」方式を導入

INNOVATION CASE 5

「大地のおやつ」のホームページ制作においても、レベニュー・シェア方式で契約した結果、のちに大幅な刷新が必要となった際に制作会社はすでに十分な金額をもらっているとのことで、追加費用なしで依頼することができました。初期の費用を極力抑え、外部との契約をレベニュー・シェアとすることで初期の赤字も応分の負担をしてもらい、事業の成功に向けて一体となって邁進してきたのです。

取引先と「ピラミッド型」の上下関係を築くのではなく、対等なパートナーとして横に手と手をつなぐ「コンパイル型」の並列関係を築いてきたことを、大企業は最も学ぶべきです。

販路開拓の場面では、菓子流通の既存ルートである菓子問屋に依頼してスーパーマーケットやコンビニエンス・ストアでの販売を見込むのではなく、ギフト市場や書店・家具店などインテリア・ライフスタイル・ショップにターゲットを絞り込みました。

通常の販路を踏襲せず、ターゲットを明確に絞り込んだことで、逆に市場を広げることができました。一般的な経営者の考え方であれば「全国で広くたくさん売りたい」と菓子問屋に依頼し、その結果として熾烈な価格競争の渦に巻き込まれ、薄利多売の沼に

夜明け

陥ってしまうことは想像にかたくありません。

山本佐太郎商店では新たなパートナーとの新たな取り組みとして、２０１８年(平成30年)12月に「だし事業部」を創設しました。「おもてなし料理から和食の基本まで♪ いちばん丁寧な和食レシピサイト」として10年以上の歴史があり、主に主婦層から人気を博している料理レシピサイト「白ごはん.com」と、その動画サイト「白ごはん.comチャンネル」を主宰する料理研究家の冨田ただすけ氏に出会ったことがきっかけです。「白ごはん.com」は１日に37万回以上も閲覧されるホームページで、「白ごはん.comチャンネル」は10万人以上もの登録者を有しています。慎一郎代表は冨田ただすけ氏とのコラボ商品として、「だしブレンド」というネーミングで、だし粉ブレンドの販売をスタートしました。

「まじめな素材で最高の家庭だしを。」をコンセプトに、冨田さんが研究を重ねて４種類の原材料を配合した、今までにないだし取り専用のブレンドです。

中小企業が業態転換や下請脱却を目論み、新商品を開発して販路開拓する際に最も大きく立ちはだかる参入障壁は、大手企業が築いた既存の流通ルートです。そんな既存ルートに向けて、他人依存の販売戦略のもとでたくさん売りたいと、安易に発想すると「市場の壁」に遮られます。

山本佐太郎商店は環境の変化に立ち向かい、厳選素材へのこだわりという自社の強みを活かしつつ、レシピや設備といった足りない要素は「他社との連携」で補い、「突き抜ける発想」でオリジナル商品を開発して、高付加価値商品に育て上げたことが、成功への分岐点になったと言えるでしょう。

夜明け

INNOVATION CASE 6

美濃手漉《す》き和紙の魅力を活かした「カミノシゴト」でヒット商品が続々

若い担い手、デザイナーの活躍の場を創出。伝統工芸品で利益を生む事業が育つ

［岐阜市］家田紙工株式会社

カミノシゴト

生活様式の西洋化や電化製品の普及で用途が減り、販路開拓に苦悩する美濃和紙の卸売問屋。いかに自社のヒット商品を生み出し、海外展開にも成功したのかについて、社長の血と汗と涙の結晶と、その舞台裏を紐解きます。

INNOVATION CASE 6

１３００年以上の歴史を刻む和紙の産地「美濃市」

緑深い山々や清流長良川など豊かな自然に囲まれ、「美濃和紙」の里として知られる美濃市に、１８８９年（明治22年）創業の家田紙工株式会社が運営する、美濃手漉《す》き和紙専門店「カミノシゴト」はあります。

江戸時代から明治・大正時代の歴史的建造物が立ち並ぶ「うだつの上がる町並み（国重要伝統的建造物群保存地区）」に店舗を構え、年間を通じて多くの観光客が訪れています。創業者の家田政吉は美濃市から現在本社を置く岐阜市に拠点を移し、美濃の手漉き和紙を主とした卸売商をはじめ、今日まで一貫して和紙の加工販売に従事しています。

１３００年以上の歴史と伝統を誇る「美濃和紙」は、正倉院文書の戸籍用紙に用いられたとの記録があり、その歴史を遡ることができます。和紙の生産に必要となる原材料の楮《こうぞ》、三椏《みつまた》、雁皮《がんぴ》といった樹木が近くの山々で採取されたことや、冷たく良質な水が豊富にあったことから、美濃の地は和紙の生産に適していて、平安時代には手漉き和紙の製紙業が盛んになりました。

室町から戦国時代の頃には、産業振興策として製紙業が保護育成されて発展。紙の市場が開かれたことで全国に知られるようになったのです。

長良川を流通経路とし、全国に広がった美濃和紙

市場は月6回開催されて六斎市《ろくさいいち》と呼ばれ、行き交う商人たちで賑わいました。世は戦国時代であり、安全な流通経路として川が重宝され、長良川を主な経路として交易の港である三重県桑名まで運ばれて、美濃和紙は全国に売られていきました。

藩の保護や一般需要の増加もあって、美濃の地は長良川を往来する船荷の集積地として栄え、現在に残る「うだつの上がる町並み」は江戸時代に区画整理されたのです。また、長良川河畔には小倉山城跡や川湊灯台などといった、当時の隆盛をうかがい知ることのできる史跡も残されています。

「うだつ」とは、木造家屋が火災になった際に隣家へ延焼させないために屋根の両端に一段高くして造る防火壁のことで、裕福な家主しか造成することができませんでした。このことから出世や金銭に恵まれないことを表現する「うだつがあがらない」という慣用句はできたとされています。

江戸時代には関東一円でも多く見られた「うだつ」ですが、関東大震災による火災の影響などから、今ではほとんど見かけることができません。美濃市の「うだつの上がる町並み」では、20軒近くの商家に「うだつ」を見ることができ、歴史を物語る貴重な資料として人々の視線を集めています。

INNOVATION CASE 6

「盆提灯用の和紙の卸売」を主な事業として創業

明治時代には紙漉き業に求められた免許制度や和紙の専売制度がなくなり、国内需要の高まりや海外展開も拡大したことで、製紙業は急増しました。しかし、1891年（明治24年）の濃尾地震や不況の波、大正時代になると機械化が進み、昭和に入ると担い手不足が顕在化しました。

手漉きによる美濃和紙は主に日用品の素材であったため、戦後には石油化学製品の代替品によって市場が席巻されて大きな打撃を受けました。昭和30年代に1200戸あった美濃和紙の生産者は、60年代になるとわずか40戸に激減してしまったのです。

1948年（昭和23年）に、家田紙工株式会社は岐阜提灯（盆提灯）用の和紙の卸売を主たる事業として法人化しました。本社を置く岐阜市では、長良川の上流に位置する美濃市で取引される良質な和紙や、骨組みに用いられる竹材が容易に入手できたことから、江戸時代から提灯などの生活用品がつくられるようになりました。

現在、岐阜市の伝統工芸品には、岐阜提灯、岐阜和傘、岐阜渋うちわ、のぼり鯉・花合羽（油紙）、美濃筒引き本染め・手刷り捺染《なっせん》の5つが指定されていますが、そのうちの4つは和紙を用いてつくられるものです。

先祖の精霊を迎える目印としてお盆に提灯を飾る習慣が定着

お盆の行事は、推古天皇の606年に行われていたことが日本書紀に記されており、平安・鎌倉時代には定着していたことがわかります。江戸時代に入ると庶民の間にも普及し、一般祭祀として盛んになり、お盆に先祖の精霊を迎えるための目印として提灯を飾りました。

また、親族や知人の家を訪ねて挨拶するとともに、米やそうめんなどの贈答をする「盆礼」の風習（現在のお中元の起源）が行われました。岐阜提灯の歴史としては、宝永年間

（1751〜1763年）に岐阜の提灯屋十蔵が尾張藩に上納した記録が残されています。

家田紙工株式会社では、素材となる和紙を提灯メーカーに供給するだけでなく、提灯用紙の絵付けを柱とした刷り込み（ステンシル）やシルク印刷などを行っています。

日本人のライフスタイルが変化したことで提灯の販売量が減少していく中、提灯業界は生産地を中国や東南アジアに移転するようになり、2000年頃には家田学社長も現地へ出向いて海外生産の可能性を模索し、中国やタイでの委託生産を開始しました。しかし、提灯の国内需要はさらに縮小し、小ロットに不向きな海外での生産は、ほどなくして縮小を余儀なくされたのです。

INNOVATION CASE 6

伝統工芸品として扱われるようになった手漉き和紙

紙・紙製品卸売業は、日本標準産業分類で「紙卸売業（細分類「5531」）」と「紙製品卸売業（細分類「5532」）」に分類されており、紙問屋と呼ばれる事業者です。紙には洋紙、和紙、板紙、加工紙、段ボールなどがあり、紙製品には事務用品、学用品、日用品、名刺台紙、私製はがき、トイレットペーパー、ティッシュペーパー、アルバム、カレンダー、包装紙、障子紙、襖紙などがあります。

用途によってそれぞれ取り扱う種類が多岐に渡ることから、販売先の小ロット、多品種、即納の要求に応えるため、卸売業は細分化されているのが特徴です。手漉きでつくる紙の製法は、古代中国で発明され、飛鳥時代に日本に伝来したとされています。

競争の激化で、厳しい舵取りが予想される製紙業界

その後、手漉き和紙は全国でつくられるようになります。全国手漉き和紙連合会の資料によると、現在でも北海道から沖縄まで90カ所ほどの産地があります。

明治維新の文明開化、殖産興業政策によって製紙業や製糸業には近代技術が導入されるようになり、後に大型の設備投資をともなって大量生産することとなる製紙会社(王子製紙、三菱製紙、北越製紙、東海パルプなど)が創業しました。現在、美濃市でも機械化して量産する製紙工場が操業しています。

工業製品として大量に生産される洋紙の製紙会社は現在、王子製紙と日本製紙の二大グループに寡占化される傾向にあります。これから先はIT化の大きな波によって文書

も紙幣もペーパーレス化が進むことや、海外の製紙産業が成長して輸入紙の価格攻勢が強まることからも、製紙業界は厳しい舵取りとなることが予想されます。

市場が飽和する中で紙・紙製品卸売業界も競争が激化し、地域に根づいた中小の卸売事業者は、かつて大手取引先であった印刷業者が構造的に縮小傾向にあり、従来の取り扱いエリアを越えた厳しい競争にさらされているのです。

今日でも一般用途として半紙、折り紙、扇子《せんす》、包装紙、水引《みずひき》、障子、襖《ふすま》、壁紙、照明などのインテリアや紙幣に量産される和紙が使われていますが、和紙の製紙業は明治から大正時代までが最盛期でした。

その頃から、機械化によって量産される洋紙、印刷機やインクが日本で普及しはじめます。文明開化とともに日本人のライフスタイルが洋風化してきたことから、和紙の実用品としての用途は洋紙にとって替わられるようになりました。手漉き和紙の産地は今でも全国に残されていますが、その生産は伝統工芸品として扱われるものがほとんどです。

提灯の生産は岐阜県と福岡県で8割を占める

提灯の歴史を語る上で最も古い文献として残る史料は、1085年(文徳2年)の「朝《ちょう》野群載《やぐんさい》」です。実用品の照明器具として使われていましたが、江戸時代になるまでは天皇家や武家など上層階級で使われるものでした。日常生活の中で庶民が照明器具や宗教的な祭礼や儀式に、提灯を使いはじめたのは江戸時代以降です。

その後、ガス燈や電灯が普及したことで照明器具としての役割は縮小し、地域のお祭りや神社仏閣で用いられるか、盆提灯として家庭で用いられるかといった祭礼・儀式の用途に限られるようになっていったのです。

提灯の産地を都道府県別出荷額で見ると、長年、岐阜県(岐阜提灯)がトップで福岡県(八女提灯)が2位であり(平成28年に逆転)、この両県で8割以上のシェアを占めています。次いで愛知県、茨城県、香川県、京都府が続いていますが、いずれも事業所数はわずか数社であることがわかります(図表5－2)。

もともとは、家内制手工業がはじまりであったわけですが、盆提灯は初盆(新盆：故人が亡くなった後、初めて迎えるお盆)の際に新規需要が見込まれるものの、一旦購入すると

INNOVATION CASE 6

数十年近くは更新需要が見込めない商品特性であるため、その担い手が中小規模の事業者であることが特徴となっています。

環境に配慮したＬＥＤを使った提灯や照明器具も登場

盆提灯は、先祖の精霊を家に迎え入れるための目印となる「迎え火」として用いられるものです。お墓からの帰り道を灯して門前に吊《つ》るす「御所提灯／門提灯(吊り提灯)」と、家の中でお盆の期間中に灯《とも》し続ける「大内行灯《おおうちあんどん》(置き提灯)」があります。

そのいずれも、日頃から敬ってやまない先祖の精霊を清らかな気持ちで迎え入れ、

図表5-2　提灯(骨を含む)の都道府県別出荷額(従業員４人以上の事業所)

	全国	茨城	岐阜	愛知	京都	香川	福岡
平成 20	10,148	273	4,302	233	104	128	4,160
	(85)	(6)	(18)	(7)	(3)	(6)	(27)
平成 22	9,471	256	3,992	306	308	117	3,523
	(74)	(5)	(15)	(8)	(4)	(5)	(19)
平成 24	8,781	276	3,904	269	-	70	3,384
	(61)	(5)	(13)	(6)	(1)	(3)	(17)
平成 28	7,206	257	2,712	299	-	60	3,157
	(57)	(4)	(11)	(5)	(2)	(3)	(20)

※総務省・経済産業省「平成28年度経済センサス－活動調査 製造業 品目編第四表」
経済産業省「平成20,22年度 工業統計表 品目編」より抜粋

喜んでもらえるように、との畏敬の念と感謝の気持ちを表すものです。

日本の夏の風物詩の一つとしてよく見られましたが、家族構成や住宅事情、ライフスタイルの変化によって徐々に薄れてしまっています。それによってかつては蝋燭《ろうそく》の火を灯した提灯が主力でしたが、近年は環境に配慮したLEDを使った商品が登場していま す。また、デザイナーを起用した洋風のリビングにもマッチする商品や、提灯の製造技術を活かした照明器具を手がける事業者も出てきています。

岐阜提灯のトップメーカー株式会社オゼキでは、世界的に著名なイサム・ノグチ氏（彫刻家、画家、インテリアデザイナー、造園家など多彩なキャリアの日系アメリカ人／故人）の「AKARI」シリーズを1951年（昭和26年）から手がけており、今日でも世界中の人々から称賛され、愛用されています。

美濃和紙は伝統工芸品、ユネスコ無形文化遺産にも登録

岐阜県美濃市の美濃和紙は、1985年（昭和60年）に国の伝統工芸品に指定されました。また、その中でも「本美濃紙」は「細川紙（埼玉県小川市、東秩父村）」「石州《せきしゅう》半紙（島根

INNOVATION CASE 6

県浜田市）」とともに「和紙：日本の手漉き和紙技術」として、２０１４年（平成26年）にユネスコ無形文化遺産に登録されました。江戸時代に高級障子紙として用いられていた「本美濃紙」は、原料を楮《こうぞ》のみとし、伝統的な製法と製紙用具などによる厳しい要件を満たしたもので、伝統技術を保持し、伝承することに官民が一体となって努めています。

また、岐阜県岐阜市の岐阜提灯は、１９９２年（平成４年）に国の伝統工芸品に指定されました。岐阜提灯の生産者で構成する岐阜提灯協同組合では、盆提灯を飾る風習を改めて見直してもらおうと、２０１６年（平成28年）に盆提灯を取り扱う百貨店や専門店、そして小中学校に向けた啓蒙啓発を目的として映像を制作しました。

私もシナリオ制作で参加した「岐阜ちょうちん―お盆とＷＡＧＯＫＯＲＯ―」という題名の動画で、岐阜放送の協力のもとで作成して関係各所にＤＶＤにして配布しました。また、You Tubeで公開して広報活動に役立てています。

「１００年以上の伝統があること」が基準の伝統工芸品

国の伝統工芸品とは、職人の手仕事と匠の技によってつくられる商品（工芸品）で、伝統的工芸品産業の振興に関する法律（昭和49年法律第57号）に基づいて、「伝統的工芸品」として経済産業大臣によって指定を受けたものの一般呼称です。

「伝統的」とは「１００年以上の伝統」であることが基準で、２０１９年（令和元年）11月時点で２３５品目が伝統的工芸品として指定されています。岐阜県内では美濃市の美濃和紙、岐阜市の岐阜提灯のほか、飛騨《ひだ》春慶《しゅんけい》（漆器）、一位一刀彫（彫刻）、美濃焼（陶磁器）が指定を受けています。

伝統的工芸品の指定には、

①主として日常生活の用に供されるものであること

②その製造過程の主要部分が手工業的であること

③伝統的な技術または技法により製造されるものであること

④伝統的に使用されてきた原材料が主たる原材料として用いられ、製造されるものであること

⑤一定の地域において少なくない数の者がその製造を行い、またはその製造に従事しているものであること

この５つの要件をすべて満たしていることが条件です。指定を受けた事業者やその組

織団体は、法に基づく各種振興策の対象となります。

INNOVATION CASE 6

提灯市場の縮小で業態の見直しが迫られる家田紙工

国の伝統工芸品に指定されている2品目（美濃和紙、岐阜提灯）を主たる事業対象としている家田紙工ですが、外部環境の変化にともなって次第に取扱高は減少。2000年（平成12年）以降になると、業態の見直しを余儀なくされました。

取引先である提灯製造業者が生産拠点を海外にシフトさせ、原材料を現地調達しようとしており、家田社長はやむなく中国やタイで自社が卸売する製品の現地生産に踏み切りました。また、その一方で国内においてはデジタル技術を導入して、絵付けなどの工程をプロッター（プリンター）で実施するようになったのです。やがて提灯の国内需要が縮小する中で、海外での生産委託は小ロット生産に不向きであることや、安定的な品質の維持に課題が残されることが理由で、縮小せざるを得なくなります。

その一方で、小ロット生産や仔細《しさい》な要求への臨機応変な対応が可能な、デジタルならではのＩＴ技術で合理化した国内の生産システムへの需要は高まりました。提灯向け和

夜明け

紙関連の売上高は2001年（平成13年）には約2億3000万円ありましたが、2010年（平成22年）には1億5000万円にまで落ち込む状況にあり、提灯市場の縮小で減少する売上を克服する必要に迫られました。

そこで家田社長は自社の生産システムを活用して、BtoC市場に向けた商品開発への取り組みをスタートさせる決断をしました。まず家田社長がBtoC市場として目をつけたのが、照明器具で卸売業で培ったネットワークや公的支援制度を活用して商品化を進めることでした。そこで東京ギフトショーやインテリア・ライフスタイル・ショーなどの展示会に出品することにしたのでした。

洗練されたデザインは展示会で評判は良く好感触でしたが、どれだけ褒められても残念ながら売上につながることはありませんでした。欧米の展示会にも挑戦しましたが、参入障壁は高く結果は同じでした。

市場に受け入れられてこそ商品が売れることを実感

いくら良い商品でも、市場に受け入れられなければ売れないと実感した家田社長は、

INNOVATION CASE 6

改めて「原点回帰の発想」で和紙本来の魅力をどのように商品につなげるかに想いを巡らせます。具体的には生産システムを合理化する過程で、紙漉き工程に模様をつけた型を導入しました。

この技術がきっかけとなり２００７年(平成19年)に、東京競馬場貴賓室《きひんしつ》の天井照明用に鳳凰《ほうおう》のデザイン模様が入った和紙を納入することができました。また、乾燥工程も見直しており、２００９年(平成21年)年の三越伊勢丹日本橋店の新装開店の際に、ショーウインドーの装飾品が採用されました。

ロシアの視察が商品開発のヒントとなる

この路線で展開していけば、手漉き和紙と自社の強みを発揮して成功をつかめると確信した家田社長は、素材の美しさを前面に打ち出した商品開発の方向性を日々探っていました。欧米市場に向けた海外の展示会にも出展を続けており、サンクトペテルブルク(ロシア西部の都市でエルミタージュ美術館の所在地)を視察した際に、同行したロシア人通訳からのちに大ヒット商品となる商品開発の大きなヒントを得ることとなったのです。

それは、クリスマスに窓ガラスや室内を飾るオーナメント（装飾品）を手漉き和紙でつくってはどうか、というものでした。これまで培ってきた技術で対応することができ、新たな設備投資を必要とせず、苦労に苦労を重ねた欧米市場にオリジナル商品で勝負できることがわかり、飛び上がるほど感激しました。

帰国して早速、クリスマス用オーナメントにふさわしい雪の結晶などのデザインデータを作成して型をつくり、紙漉き和紙の担い手である保木《ほき》工房に持ち込んで試作開発に取りかかりました。こうした経緯から、２００８年（平成20年）に家田紙工「カミノシゴト」の主力商品の一つである「SNOW FLAKE（スノーフレーク）」が誕生したのです。

ヨーロッパで受け入れられた手漉き和紙

欧米市場に照明器具で参入しようとしていた際には、ＣＥマーク認証（電気製品に課せられる安全規格など）をクリアする必要があったり、輸送費や代理店口銭（手数料）が商品価格に付加されると価格競争力がなくなってしまうことなどがネックとなっていました。

また、ディストリビューター（販売代理店）網を確保しなくては、広範な欧米市場で展開することは困難です。現地の人々が彼らの生活文化の中で培ってきた価値観から、興味や関心を示して受け入れてもらえる商品でなければ、いくら良い商品であっても市場の壁に阻まれてしまうのです。

そう考えると「SNOW FLAKE」は、簡単にガラス窓に貼れる便利なオーナメント（装飾品＝デコレーション）で、霧を吹きつけるだけで窓に貼ることができ、光が当たると乱反射して光り輝いて見えることが人気の理由となっています。

こうした手工芸品的な要素がある商品は、フランスのインテリア・デザイン見本市「メゾン・エ・オブジェ」が適しているとのアドバイスを受けて出展。日本古来の伝統文化の手漉き和紙がヨーロッパの文化・風習・生活習慣を支える商品になっているということで、異文化交流的な立場も果たしているとも話題となり注目されることとなりました。

INNOVATION CASE 6

手漉き和紙のオーナメントが海外でメガヒット

手漉き和紙には輸入規制となる法制度が存在せず、シート上に梱包された荷姿は心配するほど運搬コストがかかりません。また、「SNOW FLAKE」は欧米人の生活習慣との親和性が高い商品であり、手漉き和紙でつくられたオーナメントは見た目も美しく、欧米人のディストリビューターは高い関心を示しました。

中部経済産業局やＪＥＴＲＯなどの支援策を活用して出展した２００９年(平成21年)1月と9月の欧州での2回の展示会で、合計6万ユーロ(１２０円換算で７２０万円)の成約に結びつけることができました。２０１１年(平成23年)にはフランスの有名セレクトショップ(MERCI)、スイスの大手出版会社(Betty Bossi)、アメリカの高級リネン販売会社(FRETTE)など海外で１００社以上が取り扱うメガヒット商品となりました。

家田社長は、自社の手漉き和紙を中心とした企画商品の事業を開始する２００３年(平成15年)に「１／１００ブランド(1/100 brand)」という自社ブランドを立ち上げており、この部門の売上が２０１５年(平成27年)には５０００万円を超えます。自社の売上全体の25％を占めるまで成長して新たな柱となりました。

「カミノシゴト」のブランド化でコラボがはじまる

「１／１００ブランド」のコンセプトは、「Art meets Craft(芸術と手工芸との出会い)―伝

INNOVATION CASE 6

統的な美濃の手漉き和紙を使用ながら日本のおもかげを見つめ、どこにもない新たな和紙とあかりの表現に挑戦しつづけること」です。

現在は「カミノシゴト」のブランドとなり、イラストレーターやグラフィック・デザイナーなどの専門家、美濃市内に工房を構えるコルソヤード(Corsoyard)の澤木健司さんや、若手の紙漉き職人の倉田真さん、家田美奈子さんと新たにコラボレーションして、人々の手元に届く本物のものづくりを目指しています。

家田紙工では、バイヤーやエンドユーザーが商品のどこに興味を示すのか、貴重な反応が得られる機会であることから展示会の出展を重視しており、得意先はすべて展示会で獲得しています。

国内市場で「SNOW FLAKE」は、自社のアンテナショップ「カミノシゴト」の店舗(美濃市)やインターネットショップで販売しているほか、全国で数多くの書店やライフスタイル・リビングショップで売られています。

また、小野デザイン事務所とのコラボで誕生したグリーティングカード「Nature」シリーズも人気です。

美濃和紙の折り紙でつくったピアスが話題に

最近では、展示会でデモ用に飾っていた5ミリサイズの折り鶴を見た来場者から、「紙がいいからできるのですね」

というコメントをもらったことがきっかけとなり、「カミノシゴト」の新たな軸となる商品開発が進みました。美濃和紙の品質の高さは質の良い洗練されたアクセサリーに展開できると考えた家田社長は、装飾に折り紙のパーツを使った折り鶴のピアスを売り出したところ、若い女性から熱い支持を集めて人気のヒット商品となりました。

現在もラインアップを増やし続けており、最近では色とりどりの金魚の折り紙の装飾が一番の人気を博しています。

この小さな折り鶴をつくったのは、メディアで「折り紙王子」として取り上げられることもある、美濃手漉き和紙工房「コルソヤード」の有澤悠河《ゆうが》さんです。1997年生まれの有澤さんは北海道出身で、子どもの頃にはじめた折り紙が楽しく、その後もつくり続け、やがて自分で手漉きした和紙で折り紙をつくりたいと想いが昇華。大学には進学せず、工房に弟子入りしたという熱い想いを持った青年です。

こうした若い担い手の活躍の場を創出し、利益を生み出す事業につなげたところに、家田紙工が果たす社会的な役割は高く評価できるでしょう。

補助金を運転資金の補填に使っても課題解決にならない

伝統工芸品は、経済産業大臣に「伝統的工芸品」として認定されただけでは、絶滅危惧種の貴重な存在として世の中に認知されることはあっても、将来に渡って存続していくことはできません。

ましてや存続させることだけを自己目的化し、公的支援制度を活用して実質的に給与や運転資金を補填するために補助金などを投入しても、持続可能性を高めることはできません。事業者が救いを求めることは心情的には理解できますが、労力を惜しまず心血を注いでこれからどうしていけば良いか考えていく。つまり、主体的に行動する姿勢がなくてはならないのです。

公的支援の原資は税金であるため、社会福祉的な観点で公的資金が注入されることをすべて否定することはできません。しかし、支援を提供する側の人々も、産業振興の観点から競争力を高める方策を示すなど、対応策を共に考えて伴走支援してから、補助金などを支給するべきでしょう。

私はかつて6年間に渡り、公的支援は本来どうあるべきか中立・公平・公正な視点で従事してきましたが、手段が自己目的化していたり、恣意的な判断のもとで公的支援制度が運用されていたりといった現場に直面したことがありました。そうしたときは、是々非々の姿勢で問題点の指摘もしてきました。

「革新を続ける」ことで「伝統は守られる」

家田紙工「カミノシゴト」の家田社長の取り組み姿勢は、試行錯誤の連続の中で四苦八苦しながらもくじけることなく、展示会を通して行き交う人々の声に耳を傾けてきたことです。そして、何をすれば美濃和紙を売れる商品に結びつけられるのかについて考え続けてきたことに価値があるのです。

「伝統工芸品だから守られて当然」といった受け身で傲慢な態度になることなく、「環境の変化に適応しよう」と心血を注いで自ら積極的に動いたことで、いくつものヒット商品を生み出すことに成功。紙漉き職人ら若き担い手の活躍の場を創出することにつなげることができたのです。

INNOVATION CASE 6

悪しき慣習の呪縛を解けば道は拓かれる

公的支援をするという立場で私が、ある無料経営相談会に臨んだときのことです。

「お客が来なくなったのは、お前たちの責任だ」

と言い放つ旅館経営者と対峙したことがありました。また、時代のライフスタイルや嗜好に合った商品開発を提案したところ

「悪魔に魂は売れない！」

と強い口調で頑なに拒む伝統工芸士の相談を受けたこともありました。しかし、現状を守ることに固執し、「自分は常に正しく、悪いのはすべて他人である」と解釈する「他責」の考え方でいれば、いつまでも新しい道は切り拓かれません。お客様は「悪魔」ではなく「神様」なのです。ですから、うまくいかない理由を他責にするコメントを耳にしたとき、最初のうちは目を白黒させて困惑したことを記憶しています。それがひとり

やふたりではなかったこともあって、やがてこういう人たちへの心構えができ、温かい気持ちで受けとめられるようになりました。

そこで私が硬直的な思考の持ち主のために取り組んだのが、悪しき慣習となっている呪縛を解き放つために、家田社長の声を直接届ける講演会の企画でした。技術的な問題や資金的な問題をクリアする前に、そもそも「発想の転換」をしなければならないと考えたからです。

実は長く伝統を守ることに成功している事業者は、変えることを躊躇せず、業態や商品・サービス、そして対象顧客の見直しを図る視点を常に持ち続けています。また、老舗企業を存続させている経営者は、次代を担う後継者に潔く社長の座を譲り、社内に新風を吹き込むことに積極姿勢で臨みます。

すなわち「伝統を守ることは革新の連続」なのです。「守る」ことと「変える」ことは二律背反であるように考えがちですが、成功者の法則では「変える」ことは「守る」ために絶対の必要条件であり、不可分の関係であることを家田社長から学ぶべきでしょう。

夜明け

第6章

INNOVATION

製造業の小さなイノベーション

夜明け

INNOVATION CASE 7

社長の決断を励みに開発した「ウォームテックスプーン」で新市場を開拓

「カチカチ」アイスを魔法のスプーンですくえばすぐに食べられると評判に

［中津川市］鈴木工業株式会社

ウォームテックスプーン

取引先が海外に進出し、仕事量の減少に悩むプレス部品メーカー。新規事業に取り組もうと四苦八苦するものの、なかなか芽が出ない。そうした苦悩からいかに脱却したのか、思考の呪縛に何があるのかについて言及します。

INNOVATION CASE 7

時代の変遷に合わせ「木材加工業」から「機械金属加工業」へ

長野県に峠を隔てて隣接する岐阜県南東部に位置し、中山道の馬籠宿などが観光客で賑わう岐阜県中津川市に、1938年(昭和13年)創業の鈴木工業株式会社はあります。創業時は鈴木木工所という社名で、近隣で切り出される杉や檜《ひのき》などの木材加工を主たる事業としていました。

その後、産業の高度化とともに金属加工業界に進出。1963年(昭和38年)に鈴木工業株式会社に改組した従業員100名規模の中小企業です。近年は、コンクリートを流し込むための住宅用基礎鋼製型枠やOA機器部品などの受注生産で発展しています。

主な製造設備としては、110トンから300トンまでの金属プレス加工機械やロボット溶接機器を多数有しており、受注生産型の柔軟な生産体制を強みとして、小ロットからきめ細かな対応が可能な機械金属製品製造および製缶溶接業に分類される企業です。

1980年代にプレス加工機の合理化・高速化投資とともに、3次元測定器やマシニングセンター、平面研削盤、レーザー切断加工機などの金属工作機械も積極的に導入。製造設備の高度化を果たし、のちに金型の内製化も図り、OA機器や家庭用電器製品の部品製造に適応して競争力を高めてきました。

海外に生産拠点を移す同業者が増える中、国内生産にこだわる

その一方で、製造業を取り巻く環境は、1980年代後半になると次第に厳しくなっていきました。国内の自動車や家電製品などの完成品メーカーは、貿易摩擦や円高によるコスト競争力の低下を回避するために急激に海外へと生産拠点を移転しはじめたのです。

それに追従して海外に進出していく部品メーカーも多数ありましたが、鈴木工業は国内生産を堅持し、時代の要請とともに品質マネジメントシステム(ISO9002認証)や環境マネジメントシステム(ISO14001認証)を取得。さらに競争力を高める努力を重ねてきたのでした。

鈴木正樹現社長が先代の叔父から社長交代した2011年(平成23年)には、海外メーカーとの価格競争やリーマンショックなどの影響を受け、受注が減少の一途を辿っていました。

また、受注生産型であったことは、それまで自社の強みであったわけですが、受注の減少で企画力や技術力などの側面で弱みが露呈することになってしまったのです。そこで鈴木社長は、果敢に挑戦の一歩を踏み出すことを決意しました。

INNOVATION CASE 7

3人のスタッフを招集し、「企画開発室」を新設

売上の拡大と自社の企画力と技術力の向上を意図して、鈴木社長は従来の事業を大切に維持しながらも、自社独自の開発商品をエンドユーザーに直接提供するBtoC事業を新たに展開することにしたのです。

オリジナリティあふれる自社商品で鈴木工業の魅力を広くPRできれば、縮小傾向にある受注生産事業で新規顧客開拓にもつなげられるのではないか、との構想も視野に入れていました。そこで社長就任の翌年に早速、オリジナル商品の開発に向けて3人のスタッフを招集。社内に「企画開発室」を新設することにしました。

まったく新しい取り組みとして発足した企画開発室では、新たな方向性を模索していたところ、生産現場の改善活動におけるニーズに着目し、提案書などの印刷物を壁に掲

示する際に簡単に脱着できる「スゴ技バインダー」を第1号の開発商品として誕生させたのです。

板金の切断、曲げ加工や裏面へのマグネット装着など、既存の設備を活用して製作することができ、メガヒットまでには至らなかったものの、自社でオリジナル商品を製造して販売につなげることの手応えと充実感から、この機運を自社の新たな事業の軸にしていきたいとの想いが高まったのです。

また、鈴木工業では先代社長の頃から、製缶・溶接の仕事でのつながりがきっかけで、ハウス栽培用ビニールハウスや栽培設備の開発販売を行っていました。

農業生産法人「メグリーン」を設立し、野菜や果物の生産にも着手

さらに、2007年(平成19年)には農業生産法人メグリーン株式会社を設立。野菜や果物、花卉《かき》類を生産するとともに、産地直売所を1カ所といちご狩りなどの観光農園を展開していました。企画開発室にはこれらの事業をさらに積極展開し、知名度と付加価値を高めることが使命として与えられ、経営資源をどのように有効活用して魅力ある商

品をつくるかについて、思案を重ねました。

また、鈴木社長はプレス加工や溶接などといった金属加工の技術領域を超える、新商品の開発に直結する新たな加工技術に挑戦したいと考えていました。そのための知識の習得や人脈づくりのために訪れたある展示会で、ウォータージェット切断加工機（超高圧の水をノズルから噴射して、金属や樹脂などの素材を切断・加工する機械）と初めて出会い、新規事業に活用ができると直感し、最高性能を誇る設備を導入することを決断しました。

こうして社内の経営資源は着々と整っていきましたが、新商品のアイデアはすぐには浮かびませんでした。

もともと収益性が低い金属プレス加工という業種

鈴木工業の主たる事業の一つである金属プレス加工業は、日本標準産業分類で製造業（大分類E）―金属製品製造業（中分類「24」）―金属素形材製品製造業（小分類「245」）の中で、アルミニウム・同合金プレス製品製造業（細分類「2451」）と金属プレス製品製造業（アルミニウム・同合金プレスを除く細分類「2452」）に分類されています。

そのいずれにおいても、「打抜きによって、瓶の口金、調理用・家庭用・医療用器具の製造、打抜《うちぬ》き又はプレス加工された自動車車体あるいは機械部分品などを製造する事業所をいう」と定義されています。

金属プレス加工で製造される部品は、工業製品の骨格となる基幹構造物や接合部品、筐体をカバーする外装品として用いられます。

自動車であればシャーシ（車台）やボディフレーム（骨格）であったり、三次元形状のボディ（車体）などが、それぞれの加工を得意とする工場で製造されています。金属には塑性変形（素材表面の一部もしくは全部に、素材の基本特性の限界を超えて外力を加えると、原形に戻らず永久的に変形する）という特性があり、トン単位の重量を加えるプレス機械で特定の形状に成形、あるいは切断するのが金属プレス加工です。

かつては「自動車産業」「電機産業」と二人三脚で急成長

日本では金属プレス加工は、戦後復興から高度経済成長を果たした1955年（昭和30年）以降に自動車産業や電機産業などが急成長したことにより、使用する部品を大量供給する必要性が生じたことで拡大し、発展しました。

完成品セットメーカーで加工部門の分離独立による専業化や、現場での加工経験を有する技術者による独立開業などをともなって、高効率で大量に生産する体制が次第に整備されました。品質・コスト・納期のいずれにおいても競争力の高い、日本製工業品の土台骨を支える産業構造基盤として確固たる地位を築いたのです。

需要先としては、自動車や航空機、船舶など輸送用機器から家電製品や電気通信機器、医療機器、その他の幅広い工業製品分野に渡っており、切削加工や鋳造、鍛造加工などとともに、金属プレス加工は必要不可欠な部品供給業種となっています。

業種特性としては、完成品セットメーカーからの受注生産主体であることや、切削加工などと比較して少ない工程で加工が完了することなどから、他の金属製品製造業と比較して収益性が低いことが指摘されています。

また、その傾向は受注先企業の多くが海外に生産拠点を移転したことで拍車がかかりました。

国内産業構造の空洞化で自社の強みを失う道へ

天然資源や食糧物資に恵まれない日本が、１９４５年（昭和20年）の第二次世界大戦後に復興を遂げて安定的に経済発展していくためには、競争力の高い工業製品を国内で生産し、海外市場に輸出・販売して外貨を獲得していかなければならず、国は工業製品を保護育成する産業振興策ならびに輸出振興策を推進しました。

１９６０年代（昭和35年以降）になると、世界中で商取引する多国籍企業が台頭しはじめ、また、日本がＯＥＣＤ（経済協力開発機構）に加盟したことから、貿易と資本の自由化へと政策の転換を余儀なくされました。こうした経緯が資源輸入の増加要因となり、原材料を輸入して加工・組立によって海外に輸出するという産業構造とそのシステムが構築され、日本の高度経済成長は実現したのでした。

ものづくり企業は右肩上がりの経済成長のもと、従業員の弛《たゆ》まぬ改善努力によってもたらされる、高品質で高機能な製品を高い生産性で製造する能力を蓄積し、競争力を強化して盤石な経営基盤を構築し、世界に冠たるメイド・イン・ジャパンの工業製品の地位を確立したのでした。その一方で、アジアなどの新興国も労働集約型産業で競争力をつけていきました。

あらゆる産業分野が海外へ直接投資をはじめた1990年代

やがて日本が高めてきた工業製品の国際競争力は貿易摩擦を引き起こすこととなり、その回避策として1970年代(昭和45年以降)に自動車などの機械産業は、東南アジア諸国へ組立工場(部品を輸出して現地で組み立てるノックダウン方式)を展開。

途上国経済が発展していく過程で、輸入代替工業化の第一歩となる大きな進歩でしたが、日本にとって産業構造が空洞化して次第に強みを喪失していく、不運な第一歩となったのでした。その後、進出先国の政策によって、調達部品の内製化を求められるようになりました。

また、1985年のプラザ合意(G5:先進5カ国の蔵相・中央銀行総裁会議で9月22日に発表された為替レート安定化に関する合意)のあと、急速に為替相場が円高に変動しました。これもあって中小の部品加工メーカーも価格競争力を維持するために、生産コストの低い海外へと急激に工場移転を進めることになったのです(図表6－1)。

さらに1990年代(平成2年以降)になると、あらゆる産業分野で生産拠点などへの海外直接投資が拡大し、中小企業も取引関係維持の観点から、海外進出の意思決定をするようになり、国内の産業構造は空洞化しました。

社長交代のタイミングで自社商品「スゴ技バインダー」を開発

鈴木工業で企画開発室の発足時から、鈴木社長とともに新たな自社商品への取り組みを模索してきたメンバーのひとりに、企画開発室リーダーの肩書きで中心的な役割を担う多賀雅彦さんがいます。

図表6-1　海外現地法人の地域別成立時期(1970年代〜1990年代の推移)

設立年次別にみてみると、日本の企業が所有する海外現地法人の設立時期が最も多い年は1995年で、362社、次いで1994年の254社、1996年の246社となっており、アジアへの進出が著しい。

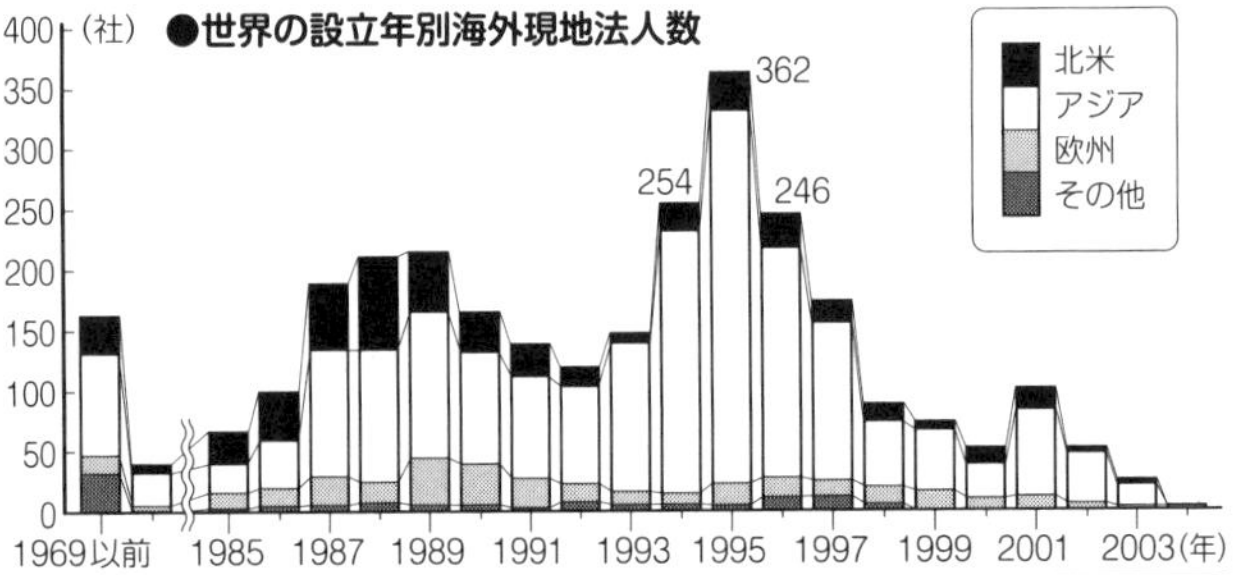

※経済産業省海外事業活動基本調査「日本企業の海外進出状況(平成16年)」より抜粋

INNOVATION CASE 7

多賀リーダーは鈴木工業に入社して製造部門を経験し、品質管理業務に約20年間従事したのち、一身上の都合で一旦退社して約10年間を異業種で勤務したユニークなキャリアの持ち主です。

社長交代のタイミングで鈴木社長に請われて復帰。入社と同時に企画開発室が立ち上がり、社外で培った広い視野と新鮮な気持ちでスタートを切りました。これまで世の中にないもので、生活に役立つ商品を開発しようと、積極的に展示会や見本市、工場見学を実施して見識を深め、半年後に「スゴ技バインダー」を開発。オフィスや工場、さらには病院や飲食店などで使われる商品に育て上げることができました。

公的支援機関のアドバイスで「B to B」から「B to C」へ挑戦

従来、B to B（企業向け取引）で事業展開してきた鈴木工業は、B to C（個人向け取引）で商品企画から価格設定、販路開拓まで自社で取り組んだ経験がなく、かなり頭を悩ませました。

しかし、公的支援機関からのアドバイスや支援策を受けたことで道が大きく拓かれたのでした。

企画開発室が発足して1年が経過した頃、製造現場でプレス加工やNC工作機械の操作に約10年従事した経験を持つ新メンバーとして、原嘉仁チーフが配属されてきました。その時期はちょうどウォータージェット切断加工機が導入されるタイミングで、原チーフはその操作方法を習得し、加工を担当することとなりました。

その頃、鈴木社長は多賀リーダーと一緒に、新商品の開発に向けて新しいことを試みていました。しかし、そのような経験はそれまでまったくなかったため、何をどう考えていいものか、右も左もわからない状況でした。

そうした中で、企画開発室の多賀リーダーと原チーフは、社内で考えを巡らせているだけでは限界があると考えます。商品開発、情報発信や販路開拓などのノウハウを習得するために、公的支援機関が開催するセミナーやワークショップに順次参加することにしました。

その結果、顧客視点での商品の魅力づくりとその発信、明確にターゲットを絞り込んでコンセプトを設定し、利用シーンを想定した上で商品開発に臨むといった、実践的なノウハウや意思決定のプロセスを事例を交えて学ぶことができました。

INNOVATION CASE 7

「困った」を解決する便利なスプーンを発案

世の中にない新商品を開発する方策を手にしたふたりには、ようやく明るい兆しが見えてきました。社内の経営資源とセミナーやワークショップで学んだことをつき合わせ、多賀リーダーはまったく新しい商品を発案したのです。それは高級アイスクリーム専用のカーボンファイバー製のスプーンでした。

高級アイスクリームの市場が伸びていること、新幹線などで食べるアイスクリームは固くてなかなか食べられないこと、最先端素材のカーボンファイバーはウォータージェット切断加工機で加工できることが、開発の決め手となりました。

強靭《きょうじん》な硬度が必要でありながらも軽量であることが求められることから、最先端素材のカーボンファイバーは航空機やロケットなどに用いられており、熱伝導率（熱の伝わりやすさ）が高いという素材特性があります。

アイスクリームスプーンにその特性を上手に利用できれば、人の体温をスプーンの先端に素早く伝えることができます。固くて食べにくいアイスクリームを溶かしながら食べることができるようになるのです。そこで発案の過程では、先行してヒット商品となっていたアルミ製のアイスクリームスプーンもベンチマーク（参考）し、その市場性の検証も進めました。

「ヒットの予感がする」の声があるのに、猛反対する社内メンバー

参加している商品開発ワークショップの講師にも講座の場で直接相談し、「アイスクリームスプーンはとても良いアイデアで、ヒットの予感がする」とのコメントをもらったことで、発案者である多賀リーダーは確信を持って次なる新商品の狙いを定めました。しかし、どうしたものか、企画開発室の他のメンバーからは賛同が得られません。

理由はと言うと、金属加工を得意としている会社が、なぜカーボンファイバー（炭素繊維強化プラスチック）を素材とするのか、しかも唐突にアイスクリーム専用のスプーンをつくるのか、という純粋な疑問からくる精神的抵抗でした。

他のメンバーは企画開発室に異動してもなお、鈴木工業が長年に渡って大手企業からの受託加工（下請け）に頼ってきた体質が身に染みついています。自社がメーカーとなってオリジナル商品を企画開発し、販売することを主体的に考えることができず、理解さ

INNOVATION CASE 7

れなかったのです。

そんな状況にある中、朝のミーティングの場で、多賀リーダーはみんなに「このスプーンを自分のお金を出して購入するか」と質問してみます。ところが、全員が「買わない」と即答でした。これをきっかけにみんなに自分の考えが伝わっていなかったことがとても悲しくなり、全員の前で開発中止を宣言。ミーティングの場を後にしたのでした。

「ひとりでも継続せよ」の鶴の一声

商品開発ワークショップで顧客視点での商品の魅力づくりなどについて学んだ多賀リーダーとは異なり、こうした視点を持たない他の企画開発室のメンバーは、どうしても顧客視点ではなく、過去の経験や自分の価値観や生活感で物事を判断してしまいます。

また、外部環境が変化するとき、人には、ホメオスタシスの本能が働きます。身体のコンディションを一定の状態を保とうと、精神的にも肉体的にも抵抗しようとしてしまうものなのです。

こうしたさまざまな要因から絶望感と孤独感に苛まれた多賀リーダーは、その足で社長の元へと向かいました。そして、新商品開発に向けたこれまでの検討内容や経緯と、他のメンバーから賛同が得られないため開発を中止する旨を、社長と寺澤常務に向けて報告しました。鈴木社長はその話から、綿密な調査と慎重な計画のもとで商品開発を進めていることを知り、その市場性や将来性を見抜きます。そして経営判断として「ひとりでも継続して開発を進めよ」との指示を出したのです。

一旦はやめると啖呵《たんか》を切ったものの、多賀リーダーは確信があったため、企画開発室に険悪なムードが1カ月ほど続きましたが、指示通りひとりで開発を進めていきました。

およそ30回の試作を重ねた末、2015年に商品化

その頃になると、原チーフも多賀リーダーが何をどう進めたいのか、どのような理由でアイスクリームスプーンを開発しようとしているのかについて、少しずつわかるようになってきました。なぜかと言えば、商品開発ワークショップに参加したからです。

また、企画開発室の他のメンバーも素材の選定や熱伝導率の測定など黙々とひとりで開発を進める多賀リーダーの姿を横目に見ることで、次第にひとり、また、ひとりと関

INNOVATION CASE 7

心を示すようになり、やがて全員で開発に取り組むようになったのです。こうしておよそ30回の試作を重ねた2015年(平成27年)9月、商品化にこぎつけることができました。

商品名は最先端素材のイメージと熱伝導率へのこだわりから「ウォームテックスプーン(WARM TECH SPOON)」と命名。デザインからパッケージまで社内のメンバーがすべて手がけたことで、ものづくりの考え方や進め方を見直すきっかけとなりました。

商品のプロモーションには、公的支援機関の助成金を活用して、積極的に展示会に出展。初めての経験でしたが接客応対もすべて社員でこなし、数多くのバイヤーと知り合うことができました。また、黒いスプーンという見た目の珍しさも手伝って、多くのメディアで取り上げられたことで、話題のヒット商品となりました。

「凍ったアイスクリームがすぐ食べられる」と好評

カチカチに凍ったアイスクリームにスプーンを差し込めば、スーッと気持ちよく溶けてサッと食べることができることから「魔法のスプーン」と呼ばれるようになります。メディアで取り上げられると、瞬く間に五感に訴える商品であると話題が沸騰しました。

また、名前やメッセージも刻印でき、男性用ギフト商品、アイデア商品として、百貨店や専門店、ライフスタイルショップで高い支持を得るようになりました。企画開発室としてまだ第二弾めの商品でありながら、全国で予想をはるかに上回る反響を得て、定番のロングセラー商品になろうとしています。

そして現在、企画開発室には強力なメンバーとしてもうひとり、ユニークなキャリアを誇る伊藤孝次パティシエが加わっています。伊藤さんは鈴木工業へ入社後、スポット溶接の作業に従事したのち、設備のＮＣプログラム作成から機械操作へと製造現場でマルチに活躍していました。そんなある日、設備メーカーの本社工場見学に参加した際に「プラス思考を維持しよう」と題したセミナーを聴いて、「そんな考え方をしたい」と触発され、「夢を追い続けられる仕事をしよう」と決意しました。こうして退職し、料理の道へと進んだのでした。

「ウォームテックスプーン」から派生して「アイスクリーム」を商品化

入社11年目で鈴木工業を退社し、料理の道へ進むため調理専門学校に通い、洋食を専攻してフランスに短期留学し、南東部のグルノーブルで学びました。専門学校を卒業後、フランス料理店で修行していた際に、デザートを担当したことからパティシエに転向し、40歳で独立してパティスリー（洋菓子店）を開業しました。

ところが、8年間の立ちっ放しの長時間労働の影響で体調を崩したことから閉店を余儀なくされ、鈴木工業の製造現場に復帰したのです。まさに激動の人生を送ってきた伊藤パティシエですが、そこには予期せぬ活躍の機会が待っていました。

ちょうど企画開発室では、自社の農業法人で採れたいちごを乾燥させて高付加価値商品として販売しようと試行錯誤していたのです。

具体的には、アイスクリームスプーンの開発から派生して、アイスクリームの商品化が図れないかと思案していました。

伊藤パティシエは究極の味を探究し、試行錯誤を繰り返す中で、乾燥いちごの特徴を活かすために何度も試作を繰り返し、半年かけて苺テリーヌショコラを完成させます。また、1年かけて自他ともに認めるアイスクリームを完成させることもできました。こうして「珍しくておいしいアイスクリームだ」と、再び話題となったのです。

経営者側に「現場をバックアップする」覚悟はあるか

鈴木社長は社長就任後、将来への危機感から企画開発室を発足させ、社員とともに新たな道を模索しはじめました。たとえば、日本に3台しかないと言われる高性能タイプのウォータージェット切断加工機を導入。航空宇宙機器にも用いられている最先端素材の炭素繊維強化プラスチック（ＣＦＲＰ）加工を自社の強みとしていくために、２０１６年（平成28年）には航空宇宙・防衛産業に特化した品質マネジメントシステムであるＡＳ９１００（JISQ9100）規格の認証を受けます。その甲斐あって、当初の狙い通りに、受注生産事業の新規顧客開拓にも成功しました。

新しいことに挑戦していかなければ、急激に変化し続ける外部環境と激烈な競争環境のもとでは、経営が立ち行かなくなってしまうのは大企業も中小企業も同じことです。イノベーションの必要性が広く喧伝《けんでん》され、多くの企業や地方公共団体で、その取り組みがされるようになっています。

しかし、なかなかイノベーションがうまく進行していないことを耳にします。それは意思決定権者が過去の知識や成功体験のもとに判断してしまうことや、そもそも硬直的

INNOVATION CASE 7

な組織や構成員のもとで実行されていることがその主な理由です。

消極的な組織の変革に必要な役員の危機意識と寛容さ

なぜなのでしょうか。こうした組織が新しい事象に遭遇すると、反対意見や消極的で批判的な意見ばかりが噴出して大勢を占めてしまいます。さらに、多くの否定的な意見が同調圧力となり、イノベーションの芽は潰されてしまうのです。

または、「過去に事例がないから」「経験がないから」と言って判断を忌避してしまうケースも見受けられます。イノベーションのプロセスや手法だけをトレース（模倣してなぞる）してみても、そもそも判断する人や、組織の価値観や判断基準が、変革を受け入れ、冷静に判断できる状態になっていなければ、かけ声倒れになってしまうものです。

鈴木工業では、企画開発室の多賀リーダーがアイスクリームスプーンを発案した際に、チームのメンバーから抵抗を受けて孤立してしまいましたが、鈴木社長と寺澤常務が冷静かつ賢明な判断をしたことで、成功への道が切り拓かれました。

また、一旦会社を離れた人材を寛容な心で改めて受け入れ、過去の遺恨から閑職《かんしょく》につけるなどといったテレビドラマで観るようなことをせず、将来を見据えた戦略的な視点で新規事業開発という活躍の場を提供したことも、注目に値する企業変革の成功への分岐点であったと言えるでしょう。

知識の習得だけではイノベーションは生まれない

日本でイノベーションが広く喧伝されるようになったのは、学術的な領域からのことです。主にアメリカで実践されてきた企業活動などの革新的な取り組みを米国の大学や研究機関が知識を体系化することで、イノベーション理論が生まれました。

これを日本の大学や大学院が学問上の専門分野のひとつとして、アカデミック(学術的・学問的)に取り扱ってきたという歴史があります。経営学の知識があっても経営はできないのと同じく、知識としてマネジメントや経営手法を習得しているだけでは、イノベーションを創出することは残念ながら困難です。

そもそもの前提条件として、社会や企業を構成する人や組織の価値観や判断基準が、変革を生み出し、それを受け入れて賞賛するとともに、冷静に判断できるフィールド(土壊)になっていなければなりません。

ひとつの国の大学や研究機関が知識を体系化して理論とする際には、そうした前提条件が所与(当たり前)のものとして扱われてしまい、俎上《そじょう》に載って来ないものです。私はこれまでイノベーションが道半ばでうまくいかず、事業や組織が形骸化してしまう事例を数多く見聞してきましたが、その根本的な理由がここにあると確信しています。

ブレない信念と情熱があるか

鈴木工業のこれまでの取り組みにおいて、社内の誰も学術的な領域からイノベーションにアプローチした経緯はありません。世の中の数多くの事例で、せっかくの企画を経営陣が潰してしまうことも多い中、鈴木社長は的確な経営方針と揺るぎない経営判断のもとで意思決定しました。

また、多賀リーダーは実直な性格とブレない信念のもとに新商品の開発を継続しました。さらに、企画開発室のメンバーが一丸となって開発に取り組み、自分たちの手で実演販売まで情熱的にこなしてきたことが、イノベーションを生み出したのです。

夜明け

その過程では、数多くの失敗を繰り返しました。企画開発室の発足以来、数多くの見えない壁＝阻害要因に突き当たりました。カーボンファイバーの原材料メーカーも、実績のない中小企業へ卸売をする前例がない中で、誠意を持って何度も足を運び、熱意で企画開発への想いを伝えたことで取引の道が拓かれました。そのおかげで素材選定に向けた試作での協力を得ることができました。

鈴木社長は、「誰もつくったことのないオリジナル製品によって、大手メーカーが手がけていないニッチな分野のトップランナーになる。それにより存在感を示し、事業の可能性を広げたい」との熱い想いと固い信念で、企画開発室を発足しました。また、自社の企画力や技術力の向上が図られていないことが経営課題であるとの認識から、素材の選定と調達以外は外部に発注することなく、自社の企画力・技術力の向上を目指したのです。

パッケージやロゴ、パンフレットなどのすべてを、失敗を繰り返しながらも社内でこなすように指示して自社にノウハウが蓄積できるように事業を進め、チーム一丸となって商品開発に取り組む姿勢を導き出しました。

自社の将来にとって今、なにが必要なのか的確に判断して、従来の事業を大切にしながらも新規事業を積極的に推進しました。その結果として、ヒット商品を生み出しつつ、従来の受注生産分野での新規顧客獲得にも成功したのです。

商品開発のプロセスやノウハウなどの知識、理論的背景も必要ではありましたが、「揺るぎない信念と情熱で全社一丸となって取り組む姿勢」こそが、誰もが学ぶべき要素であると言えるでしょう。

夜明け

INNOVATION CASE 8

「タジン鍋」からヒントを得た 無水調理鍋「セラ・キュート」がヒット

初めてのカレーの料理実演で
試食した人たちが「おいしい」と鍋を購入し大人気

［土岐市］有限会社一山製陶所

無水調理鍋「セラ・キュート」

生活食器の７割を生産する美濃焼の陶磁器メーカー。メーカーといえども卸売商社に依存する下請け企業的な位置にあり、安い海外製食器に市場を席巻される中、オリジナル商品をメガヒットに導いたその経緯を追います。

INNOVATION CASE 8

「美濃焼の窯元」で骨壺・生活食器を製造

古くから日本三大陶磁器の産地のひとつとして知られ、最近はアウトレットモールが県外からも数多くの買い物客を呼び寄せている、岐阜県の南東部（東濃地方）に位置する土岐市に、「有限会社一山製陶所」はあります。

日本三大陶磁器とは、美濃焼（岐阜県）、瀬戸焼（愛知県）、有田焼（佐賀県）を指しますが、美濃焼と瀬戸焼は山を境に北と南に隣接しており、近くの山で原料となる陶土が豊富に採れたことから、陶磁器産業が発達してきた歴史があります。なお、陶器は陶土からつくられる焼き物で、磁器は陶石の粉からつくられた焼き物の呼称です。

美濃焼の窯元（陶磁器メーカー）である一山製陶所は、伊藤嘉基《よしき》現社長の曽祖父にあたる伊藤鯉九朗が、１９０７年（明治40年）に陶磁器に用いる絵具屋をはじめたのが起源で、１９５７年（昭和32年）に祖父の伊藤錦一が有限会社一山製陶所を設立して今日に至ります。

当時は骨壷を主に製造していましたが、父親である現会長の伊藤啓二さんが高度経済成長に合わせて一般の生活食器を、そして２０００年以降には焼酎サーバーやビールジヨッキなどの商品開発を進め、設備投資や販路拡大を進めてきたことから事業は拡大していました。

父親の「お前なら絶対にやっていける」が家業を継ぐ決め手に

多くの窯元や産地で陶磁器を扱う商社は、自社で扱う陶磁器のブランドを示すために会社名とは別に、「○○○窯」とネーミングすることが多く、一山製陶所は通称「さなえ窯」の名前で呼ばれています。
「さなえ」は父親が社長の当時、より多くのお客様に慣れ親しんでもらい、輸入品を含めた他社商品との違いを示したいとの想いで母親の名前を名づけたものです。創業から4代目となる伊藤さんが入社するきっかけは、伊藤家の次男として中央大学法学部法律学科に進学していた大学3年生の時、父親が上京して来た際に将来の進路の話をしたことでした。

ちょうど2000年（平成12年）は就職氷河期と言われ、社員募集する企業も少なく就職難の時代で、友人たちは法曹界（裁判官・検察官・弁護士）や国家公務員になるべく勉強

INNOVATION CASE 8

を進めていました。その頃、まだ自分でやりたいことが見つからなかった伊藤さんは、周囲に同調して公務員試験の準備を進めているところでした。次男として育ち、家を継ぐことを考えたことはなかったからです。ところが父親から、

「会社を継いでくれないか。お前の努力次第で絶対にやっていける」

との言葉を耳にして、一瞬、戸惑ったものの「そこまで言ってくれるなら」と
「わかった」

と答えたのでした。

目の当たりにした海外製品に押される自社製品

生まれた家は自営業の窯元で、小さい頃に少し手伝ったことがあったかもしれない、といった程度の記憶しかなかった伊藤さんでした。それでもなお、自分が生まれ育った地元が大好きだという理由で、「地元で一肌脱いでやろう」「自分の力で会社を大きくしよう」との想いが頭の中をよぎり、会社を引き継ぐことに決めたのでした。

こうして自分の進路を決め、2001年(平成13年)3月の大学卒業後は民間企業に就

職。営業ノウハウを学び、２００３年（平成15年）４月に地元へ戻り、陶磁器業界に身を投じました。

そして一山製陶所への入社と同時に、体系的に学ぶことができる多治見市陶磁器意匠研究所に入所しました。陶磁器について基礎から学んだことがなかったためです。それまで経験してこなかった「焼き物の歴史」「粘土」「石膏」「釉薬」などの知識を新鮮な気持ちで幅広く習得することができました。また、数多くの同業者の仲間と出会うことができました。

また、特に意匠（デザイン）に関しては、陶磁器は形状を自由に成形できることから、いろいろな形や数々の色を生み出す経験を積み重ねて楽しく数多くのことを学びました。そのおかげで充実した2年間を過ごすことができたのです。

局面の打開策として「土鍋」「調理道具」の製造に着手

研究所を卒業後は社業に専念。自分が学び経験してきたことを活かして無我夢中で陶磁器製造に励み、２００５年（平成17年）８月に専務取締役に就任します。ところが、こ

INNOVATION CASE 8

こまで順風満帆に見えた伊藤専務のキャリアですが、目の前に、とても厳しい現実が待っていたのでした。

というのも一般生活に用いられる美濃焼の陶磁器は、汎用性が高く模倣しやすいという特性上、安価な輸入品の影響を受けやすいという性質があります。それはわかっていたものの製造を続けます。祖父の時代からずっと生産しており、当初の主力商品であったためです。しかし、骨壷の売上は次第に減少していき、最終的には、まったくなってしまったのです。

同時に、父親である社長が開発した焼酎サーバーなど焼酎関連の商品も、焼酎ブームで順調な売上実績を誇っていましたが、これも安価な海外製品に押されて売上が激減してしまったのです。

何とかこの局面を打開しようと、伊藤専務は社長と話し合い、機能性のある商品の開発に挑戦して売上を確保していこうと新たな方針を決めました。機能性のある商品として、土鍋などの火力や電子レンジなどを使用した調理道具を製造しようと試作を重ねていったのですが、一般の生活食器とは条件が異なり、焼き方や温度設定がむずかしく苦労を重ねました。

縄文、弥生土器まで遡る「陶磁器産業」の歩み

陶磁器製造業は総務省の日本標準産業分類で「陶磁器・同関連製品製造業（小分類「214」）」に属しており、一山製陶所が製造する美濃焼の生活食器は「食卓用・ちゅう房用陶磁器製造業（細分類「2142」）」に分類されています。

陶磁器製食器製造業、陶磁器製ちゅう房器具製造業、陶磁器製こんろ製造業、土なべ製造業などが含まれており、花瓶《かびん》やランプ台などの置物や建築用途のタイルや衛生陶器、工業用途の碍子などの特殊陶器は別分類です。なお、金属など他の工業と比較して歴史は古く、起源は縄文、弥生の土器にまで遡ります。

奈良時代になると、釉薬《うわぐすり》（陶磁器の表面でガラス状の層を生成する材料）をかけて表面を装飾、もしくは強度を高めた陶器がつくられるようになりました。鎌倉期から平安後期になると、瀬戸地域が陶器製造の中心地となり、中国から導入された手回しのろくろ技術を用いて、椀や皿などの日用品が数多く生産されるようになっていきました。

室町期になると日本六古窯《こよう》と現在呼ばれる瀬戸、常滑《とこなめ》、信楽、越前、丹波、備前をはじめとした各地で製陶が盛んとなり、各地で固有の技法が形成されて、さまざまな特徴

INNOVATION CASE 8

ある陶器がつくられるようになりました。

茶の湯が流行し「陶磁器の茶碗」が誕生。地場産業として藩が奨励

安土・桃山時代には、茶の湯の流行にともなって陶磁器が日本的な特色を持つようになり、美濃地方で志野、黄瀬戸《きせど》、瀬戸黒《せとぐろ》、織部《あやべ》と呼ばれる釉薬を施した茶碗などの茶器が誕生。それらは現代にまで受け継がれています。

桃山末期になると、朝鮮半島から新たな技術がもたらされ、各藩が地場産業として製陶を保護奨励した結果、薩摩焼、唐津焼、萩焼などの陶器が盛んにつくられるようになりました。

江戸期の1610年(慶長15年)代には、有田で陶石《とうせき》(粘土の鉱石)が発見されたことから、伊万里《いまり》と呼ぶ磁器が日本で初めて製品化されました。

1640年(寛永17年)代には、単色の染付技術から多色彩による上絵付けの技法がはじまり、柿右衛門様式と呼ばれて陶磁器の芸術的要素が高まることとなります。それらはやがてヨーロッパに輸出されるようになり、繊細で優美な作風はヨーロッパの王侯貴

族を魅了し、ドイツのマイセン窯などに影響を与えることとなりました。

なお、有田の磁器が伊万里焼と呼ばれるのは、製品が伊万里港から出荷されたことによるものです。この技術が18世紀に国内各地へと伝わり、京都、九谷、砥部《とべ》、瀬戸などで盛んに磁器が製造されるようになったのです。

国内生産する生活食器の5割強を占める美濃焼

美濃焼とは、主に東濃地方の多治見市、土岐《とき》市、瑞浪《みずなみ》市、中濃《ちゅうのう》地方に分類される可児《かに》市で生産される陶磁器の総称で、国内で生産される生活食器の5割以上のシェアを占めています（図表6－2）。

近隣の山々で良質な陶土が採掘されたことから、美濃焼はこの地域で飛鳥時代から生産されていたと言われ、１３００年以上の歴史を誇っています。

また、一つの技法だけで成り立っているのではなく、志野、織部、黄瀬戸、瀬戸黒、灰釉、天目、染付、赤絵、青磁など、15品目と実に多くの技法で焼かれる美濃焼が、国から伝統工芸品として指定を受けています。

INNOVATION CASE 8

江戸時代には日用雑器を数多く生産するようになり、全国屈指の生産能力を有するようになりました。その後、陶磁器を焼成するための窯や釉薬の技術革新が進み、明治時代には生活食器を廉価で大量生産する体制が整えられていったのです。

その過程では、地域別に製品のすみ分けと工程別に分業化が進められ、原料調達から産地商社に至るまで、網羅的な分業・フルセット型の陶磁器産地としての地位を確立しました。

早くからコンベアラインを導入するなど生産体制の近代化が図られ、多種多様なニーズに応えられる生産体制が整えられてきたのです。

図表6-2　陶磁器製品の品目別岐阜県シェア（従業員４人以上の事業所）

品目	出荷額（単位：百万円）			事業所数		
	岐阜県	全国シェア	全国出荷額	岐阜県	全国シェア	全国
陶磁器製和飲食器	14,460	44.7%	32,321	180	27.2%	661
陶磁器製洋飲食器	10,858	68.1%	15,938	62	42.5%	146
陶磁器製台所・調理用品	165	6.4%	2,590	6	11.8%	51
陶磁器製置物	230	3.6%	6,320	11	4.6%	238
モザイクタイル	12,973	85.9%	15,101	22	88.0%	25
内装タイル	6,124	73.7%	8,305	6	40.0%	15
その他のタイル	9,190	41.8%	21,996	19	30.6%	62
上記７品目合計	54,000	52.6%	102,571	306	25.5%	1,198

※総務省・経済産業省「平成28 年経済センサス－活動調査 製造業 品目編第四表」より抜粋

生産効率から「分業化」して多くなった個人事業主

内需の高まりと輸出の拡大を受けて、美濃焼の産地では他の陶磁器産地に先駆けて量産化技術の普及に成功し、高効率な大量生産が可能となったことで国内最大の生活食器の産地となりました。徹底した生産効率の追求によって分業化が進められてきたことから、一つひとつの事業者は、家族経営による小規模な個人事業主が多いことが産業構造上の特徴です。

メーカーである美濃焼の窯元は、基本的に企画開発力は内部に持っておらず、市場の売れ筋商品を産地商社(仕入問屋)からの指示や依頼のもとで生産することを基本としてきたという歴史があります。

美濃焼には陶芸作家による工芸作品もありますが、主たる生産品目は徳利《とっくり》や茶碗、丼や皿など大量生産される日常用途の生活食器であり、市場で廉価に流通するものが多くを占めています。価格面での競争優位性は高いものの、製造上の技術面や販売上の付加価値面で優位性を発揮することがむずかしい、という宿命から容易に逃れることはできませんでした。

そんな環境下、中国や東南アジアからの輸入品によって価格優位性が発揮できなくなり、生産量が減少するにしたがって後継者難や経営難に陥る事業者も次第に増え、産業構造を従来のまま維持することはできなくなっているのです。

INNOVATION CASE 8

辿り着いたのがモロッコ郷土料理の「タジン鍋」

機能性のある商品の開発に挑戦し、売上を確保していこうと方針を決めた伊藤専務は、従来の安価にできる商品ではなく、もっと付加価値の高い商品を開発してみようと考えます。そこで注目したのが、当時ブームとなっていたある郷土料理でした。

それは、モロッコの郷土料理でその人気が新聞に取り上げられ、料理本も数多く販売されるなど話題になっていた「タジン鍋」による蒸し料理です。自社にはすでに注文が入り量産し、産地商社に卸売していましたが、自分でも食べてみたいと思い、料理本片手につくってみると、とてもおいしい蒸し野菜ができました。

伊藤専務は父親が開発した陶器製のビアジョッキや焼酎サーバーなどを愛用してビールや焼酎をおいしく飲んでいました。それと同じように「タジン鍋」を使って料理をつくってみると、中に入れた野菜などの食材が蒸気によってほどよく蒸され、遠赤外線効果でふっくらと仕上がり、とてもおいしいできばえに、とても感激したのでした。

一山製陶所では、陶磁器を大量生産するために工場中を縦に横にとコンベアラインが張り巡らされていますが、そこに新たな命が宿り明るい光が放たれるのが見えた瞬間でした。

密閉性の高い製品をつくりたいがノウハウがない

自社の製品を通して感動体験をした伊藤専務は、「このタジン鍋を進化させて、もっと密閉性の高い商品がつくれないものか」と考えるようになります。

ほどなくしてこれまで生産してきた他の製品と同じく、タジン鍋も安価な輸入品に押されて売上が減少しはじめ、好調な時期が長く続くことはなかったためでした。たびたび繰り返される安売りの経緯に再び直面した伊藤専務は、何とかこの状況から脱却しようと思い悩んだのです。そのときに取り組んだのが、密閉性の高い鍋の開発です。食材から出た水分を外に逃さないのが、タジン鍋の特徴であるからです。

INNOVATION CASE 8

しかし、陶磁器が大量生産されるコンベアラインの流れの中で仕事をしていると、当然ながら無表情・無感情となり、日々のトラブルを気にすることはあっても、「調理しておいしいと感動する情景」を想像することはむずかしいものです。

そんな中、伊藤専務は「自分がつくった陶磁器でおいしい料理を食べたい」という根源的な欲求と、「美濃焼の窯元として背負った宿命から何とか脱したい」という強い想いを原動力に、鍋の開発に着手しました。ところが、本体と蓋の隙間をなくすため数々の実験を進めるものの、どれも非現実的でうまくいかず、壁に突き当たってしまいました。

「試作品第1号誕生」の突破口は研磨技術との出会い

陶磁器の材料は、陶土や陶石など粒状の物質が基本構成物であるため、表面にある程度の粒度(ザラザラである状態)があり、本体と蓋を合わせても隙間がどうしても生じてしまいます。

また、1200度以上の高温の熱で焼成することから、わずかながらも不規則に変形して（歪んで）しまう特性があり、隙間をなくすことは容易ではありません。

金属であれば研磨加工といって、砥石《といし》で表面を滑らかにする方法があるのですが、陶磁器を焼成後に機械加工することは、衝撃に弱いという特性から欠損してしまう危険性が高く、常識的には考えられません。

どうすれば本体や蓋の表面を平らで滑らかにすることができるのだろう？　と途方に暮れていた伊藤専務ですが、人脈を辿《たど》ることで手を差し伸べてくれる出会いがありました。それは工業用部品の生産で実用化されている、焼成後のセラミックを精密加工する研磨技術です。

目が覚める思いでこの技術に注目し、これで「究極の鍋」がつくれると考え、胸を膨らませてその工程を採用することにしました。


試作加工に取り組むが「先が見えない」という苦労の連続

しかし、それだけではまだ十分ではありませんでした。そのままの素材では歪みが大きく、機械加工には適さなかったのです。「究極の鍋」を完成させるためにそれまでの

INNOVATION CASE 8

常識を一旦すべて捨て、素材である粘土の選定から改めて見直す必要がありました。こうした実験を重ねた結果、収縮性の少ない粘土を使うことにしたのです。

また、一番歪みが出やすい乾燥の工程も見直し、ガラス板に表面を乗せて歪みを最小限に抑えるようにセットし、強制乾燥させずにゆっくりと自然乾燥させることにしました。表面を覆う釉薬の選定と最適な焼成温度の設定条件を試行錯誤しながら探し、公的試験機関の支援も得ながら、途中で割れてしまったり、衝撃で破損してしまわないかについてのテストを重ねたのです。

デザインについては自社に担当する部門がないため、伊藤専務は一から自分で考えて「いままでの土鍋のイメージを払拭して、シンプルな形状にしよう」と決めます。それにより取っ手をなくし、鍋口の外周を引き延ばして裏面に溝をつくることで、持ちやすくするという工夫もしました。

一番苦労したのは、新商品の試作加工は生産ラインが停止する時間外や日曜日に実施しなければならず、何度も温度設定を変えて窯を動かして時間もガス代もとても多くかかったことでした。そうした苦労を重ねた末、ようやく自分が構想した「究極の鍋」が形となり、試作品第1号が完成したのです。

「料理はおいしい」が「匂いや汚れがつく」弱点に直面

第1号の試作品を使い、まず挑戦したのはカレーでした。水や油を一切使わずに、陶磁器の鍋で思った以上に上手にカレーをつくることができました。素材の旨味成分が薄まることなく抽出されており、家族や友人に試食してもらったところ評判は上々でした。特に極めつけは、小学校の姪っ子が「このカレーはいつもと違って甘くておいしいね」と屈託のない笑顔で答えてくれたことが本当にうれしく、伊藤専務はこれで勝負できると確信しました。しかし、残ったカレーをそのまま鍋に入れて1日置いていたところ、新たな問題が発生してしまったのでした。

陶磁器製の鍋(土鍋)には、焦げつきやすく水分を吸収しやすい特性があり、1日置いたカレーの鍋は匂いと色が内側に付着してしまい、なかなか落ちないというデメリットが顕在化したのです。

匂いや汚れを後から洗い流す方法は世の中にたくさんありますが、次世代型の「究極の鍋」をつくろうとしている伊藤専務にとって、この問題はどうしても基本性能として克服しなければならない懸案事項として、目の前に立ちはだかったのです。かくして最適なコーティングを探す新たな苦労の日々が、また続くこととなりました。

ホーローコーティングの技術がなく、ゼロからの挑戦

「究極の鍋」のコーティング方法として、最初はフライパンなどでよく使用されているテフロン加工に挑戦しました。しかし、焼きつけ温度が自社の設備と合わなかったり、条件次第ですぐに剥がれてしまったりと量産に適しておらず、採用には至りませんでした。

どうしても解決しなければならないとの想いから、伊藤専務は諦めずに再度人脈を辿ってアドバイスを受ける中で、鉄にガラスコーティングをして商品化されている「ホーローコーティング」に着目することになります。しかし、陶磁器にガラスコーティングした先行事例が見当たらず、ゼロからの挑戦となりました。

自社設備で実験できることをわずかな望みとして、試作開発に取りかかりましたが、陶磁器の焼成時の伸縮条件に適合するガラス原料をなかなか見つけることができません。ガラス原料にくわしい人や公的試験機関に相談し、10種類以上の原料で試作を繰り返

しましたが、参考資料やデータがなくゼロからの挑戦となり、失敗の連続で伊藤専務は何度も挫《くじ》けそうになりました。そうした苦悩の日々を経て、やっとの思いでガラスコーティングを完成させ、開発スタートから2年の歳月をかけて、ようやく「究極の鍋」を完成させることができました。

「次世代型セラミック鍋」誕生後も待っていた試練

苦労の末、密閉性による圧力効果と合わせて、遠赤外線効果(細胞と共振して内部から発熱させる原理による)を誇る「次世代型セラミック鍋」を誕生させることができ、モニターとして調理に利用してもらった方の評判も上々でした。

伊藤専務は心踊る気持ちでわが子が誕生したときのような歓喜に満ち溢れる一方、いままで口を出さずにずっと見守ってくれていた社長への感謝の気持ちでいっぱいになりました。セラミック製の鍋が、わが子のようにかわいらしいとの想いから「セラ・キュート」と命名することにしました。

すばらしいでき栄えの次世代型セラミック鍋を前に、心は充実感で溢れ誇らしい気持ちでいっぱいの伊藤専務でしたが、さて「セラ・キュート」をどうやって売っていこうか、と早々に現実に引き戻されました。というのも、今まで通りの流通形態を踏襲して地元の産地商社に卸売すると、最終価格がかなり高い値段になってしまいそうだという壁にぶちあたったのです。

「直販するしかない」とホームページづくりの勉強をスタート

せっかく自分で汗水流して手塩にかけて生み出して、自信と誇りを持って世に送り出す鍋ですから、直接お客様の声を聞きたいという思いも強くありました。そこで伊藤専務は自社商品として直販していく決意をしたのでした。

その第一歩として、まず自社のホームページを立ち上げます。経験がないことの連続でしたが、展示会への出展などプロモーションに活用できる支援制度が適用できるとの情報を得て、公的支援機関の補助金を申請して採択を受け、アドバイスも受けながら進めることができました。

「セラ・キュート」が「いかに優れた鍋であるか」を一生懸命アピールすることよりも、

購入したお客様が「いかにおいしい料理がつくれるか」に焦点を当てて情報発信すべきとの助言を受け、まずは調理例を充実させることにします。そして料理の写真を掲載することにしたのでした。

しかし、自作の料理写真だけでは十分ではなかろうと、知人の料理研究家に依頼して専門家によるレシピを公開。調理中の様子を動画で配信してシズル感(肉が焼ける音から派生して、人の欲求をそそる五感への訴求)を出すなどのしかけをホームページに盛り込みました。

また、地元で行われる新作展や東京で開催される展示会に販売前から出展して積極的にPRしたことで、新聞社やテレビ局にも注目され、数多くのメディアで取り上げられることとなりました。これらの数々の努力が実を結び、販売開始と同時に1年待ちのメガヒット商品が誕生したのです。

「安くなければ」という思い込みに悩む

従来、美濃焼産地の産業構造上の商慣習として、販売の一切は産地商社が取り仕切っ

INNOVATION CASE 8

ており、窯元は陶磁器メーカーではあるものの、下請け的な存在として位置づけられていました。

一山製陶所のように自社のアイデアから提案商品をつくることは稀で、市場で売れ筋の商品を産地商社の指示のもとで量産し、販売は全面的に産地商社に依存していることが大半でした。ですから、自社が卸売した陶磁器の上代（市場）価格を知らない窯元も多く、分業体制のもとで安定した良品を安くつくることに特化していることが、メーカーとしての強みだったのです。

伊藤専務もこれまで、自社で考案した商品を産地商社に提案したことはあっても、自ら直接エンドユーザー向けに売った経験はありませんでした。軽々とそうした行動に出ると、産地商社から冷遇されてしまうという恐怖感もありました。

しかし、安価な輸入品に押されていることもあって、産地商社に販売を依存しているだけでは先細ってしまうという危機感を強く持っていたのです。そこで、決めたことが、他の商品はこれまで通り産地商社との取引を継続しつつも、「セラ・キュート」については直販する道を選択することだったのです。

「仕入れ値から価格を決める」からの脱皮で成功

完成した「セラ・キュート」を販売するにあたって、伊藤専務が一番腐心したことは価格の設定でした。自信を持って販売するのだから、適正な利益を確保したい。しかし、これまでの経験では、自社の製品は産地商社の仕入れ値で出荷するものばかりで、エンドユーザー向けに上代価格を設定したことはありませんでした。

また、自社が提示する価格を安くすることを厳しく求められることはあっても、適正利益はどの程度まで許されるのか、といった判断基準を持っておらず、ホームページを公開する直前まで悩みに悩み続けました。

メーカーでありながら下請け的な存在であったことで、価格は安くすることが良いことであり、設定価格を高くすることに罪悪感がある、といった固定観念が定着していたのです。ホームページ公開を控えた前夜に公的支援機関の相談員に連絡して、設定価格について揺れる気持ちを打ち明けました。

「そんな安い価格設定では、努力が報われない」

と半ば叱責される雰囲気の中で、伊藤専務は心苦しいと感じながらも、自分としては高い価格設定に渋々踏み切ることにしたのでした。結果として努力は報われて、あとになって納得をしたのでした。

INNOVATION CASE 8

百貨店の調理実演でお客様は鍋の虜に！

伊藤専務は新商品を開発し、自らの手で販路開拓にも乗り出して確かな実績を上げることに成功し、2015年(平成27年)10月に代表取締役社長に就任しました。まったくの未経験であった販路開拓の場面では、百貨店で食器類を取り扱うリビングフロアに実演販売のスペースを確保し、奥様の協力も仰ぎ、ふたりで乗り込みました。

隣が寝具売り場であることからリビングフロアでの調理実演は好まれませんでしたが、熱心に交渉して「セラ・キュート」が、最も強みを発揮するカレーの調理実演をして、試食してもらい、数多くの販売につなげました。

長い社歴を積み重ねる中で、一山製陶所は生活用途の陶磁器を安定した良品として低コストで量産する技術を蓄積。その後、幾多の苦難に直面しつつも新たな提案商品を生産することで苦しさを乗り越えて成長を遂げてきました。

陶磁器産業に限らず、繊維産業や自動車産業などでも、戦後復興から高度経済成長の過程において盤石であった産業構造基盤は、世界規模で急激に変化する外部環境や競争環境の直撃を受けて次第に脆弱となり、やがてそのままでは維持できない状況にさらされています。この大きな転換期の局面で、伊藤社長は奮闘してきたのです。

おいしい料理という「コト」を売る発想でＰＲする

美濃焼をはじめとした生活食器の典型的な流通経路は、「窯元（陶磁器メーカー）―産地商社（生産地問屋）―販地商社（消費地問屋）―販売店舗」といった重層構造となっています。日本人のライフスタイルの変化や安い輸入品の台頭、インターネットの普及による消費者への直結など、近年劇的に外部環境は変化し、陶磁器業界は従来の流通形態を維持することが困難な状況となっています。

地元の土岐商工会議所や業界団体、行政機関などが陶磁器業界への支援策を打ち出してはいるものの、網羅的で包括的な解決策を見出すことは、むずかしいのが現状です。

INNOVATION CASE 8

美濃焼の生産量は、１９９１年（平成3年）をピークとして4分の１以下に減少しています。そうした中で、伊藤社長は「すべてはお客様が満足いく商品」をテーマに、ここまで粘り強く陶磁器製造に情熱を注いできました。

付加価値の高い商品づくりを目指した「セラ・キュート」の成功を自信の糧として、生活様式の変化や安価な輸入商品の台頭、プラスチック製食器など異業種の技術革新の競争に負けて、疲弊しきっている美濃焼業界を何とかしたい、との思いに至っています。

外部環境の変化に直面して、論理の飛躍や現実逃避をすることなく、「原点回帰の発想」で自社にできることに集中し、顧客視点の発想で優れた鍋という「モノ」から、おいしい料理という「コト」へとＰＲポイントを転換し、「突き抜ける発想」を持つことで、自社で販路開拓したことが、成功への分岐点になったと言えるでしょう。

第7章

INNOVATION

地方創生の小さなイノベーション

夜明け

INNOVATION CASE 9

地域の「稼ぐ力」を引き出し
地方創生の舵取り役に

長良川流域の魅力を再発見し、かたちに!
地元に「愛と誇り」を持って暮らす人を増やしたい

［岐阜市］NPO法人ORGAN

地域連携「長良川DMO」

長良川DMOの運営母体のNPO法人。地方創生の鍵は観光が握ると言われるものの、DMOは観光協会の看板書き換えではないかとの指摘もされる中、若い力で着実な成果を上げつつあるその精力的な活動に着目します。

INNOVATION CASE 9

「長良川流域のくらしと文化」で観光地域づくりに挑む

頂《いただき》に岐阜城を構える金華山と鵜飼で有名な長良川が景観のシンボルであり、県庁所在地でもある岐阜市に、「長良川ＤＭＯ」（ＤＭＯ：Destination Management/Marketing Organization—旅行者の目的地となる地域が一体となって観光をマネジメントする目的で形成される「観光地域づくり法人」）はあります。長良川源流域の郡上市から中流域となる美濃市、関市、岐阜市までの４市をつなぐ地域連携ＤＭＯで、長良川流域の観光による地方創生を推進する事業母体として、２０１８年（平成30年）に登録。観光商材の開発から伝統産業の復興まで幅広く観光地域づくりに取り組んでいます。

鵜飼《うかい》をはじめとして、長良川は四季折々に風光明媚な流域の情景が印象的で、歌謡曲のタイトルにもたびたび登場し、四万十川《しまんとがわ》（高知県）、柿田川《かきたがわ》（静岡県）とともに日本三大清流と呼ばれています。上流域にダムが一つも存在しないことから、清らかでミネラル分を豊富に含む水が淀みなく流れ、名水百選の一つに選定されている中流域の岐阜市付近では、地下に浸透している伏流水が汲み上げられ、良質な上水道として供給されています。

夏の風物詩である花火の日や雪景色の右岸からの眺めは、長良川流域を象徴する最良のビュースポットとして有名です。

観光船の年間乗船客数が3分の1の「11万人」に激減

戦国時代には金華山に岐阜城が造営され、麓の城下町では、この地を岐阜と命名した織田信長が推進した楽市楽座《らくいちらくざ》によって、自由な商取引が行われたことなどから豊富な森林資源を核として、地域一帯で商工業が発展した歴史があります。

また、今のように鉄道や道路が整備されるまで、長良川は主に木材運搬の場面で貴重な流通経路として用いられ、郡上、美濃、関、岐阜といった流域4市では林業、和紙、刃物、提灯などの産業が発展して商人が往来し、それらの担い手とともに湊町や材木町といった地名が根づいて現在に至ります。

豊かな自然の恵みに囲まれた岐阜市ですが、1300年の歴史を誇る鵜飼の観光客数は、近年減少傾向にあります。観覧船の年間乗船客数は、1973（昭和48）年は33万7000人を記録したのですが、日本各地の温泉地の事情と同じく団体旅行が減少した

INNOVATION CASE 9

ことや娯楽やライフスタイルが多様化してきたこともあって、直近では年間11万人前後にまで落ち込んでいます。

また、豪雨による災害など昨今の自然環境の劇的な変化の影響もあって、市は毎年億単位の税金を投入しており、慢性的な赤字体質となってしまっているのです。

運営母体は観光コンテンツを開発する特定非営利活動法人

長良川ＤＭＯの母体となっているのは、特定非営利活動法人（ＮＰＯ法人）ＯＲＧＡＮ（オルガン）です。長良川流域の観光コンテンツを地域の若い人々とともに開発してテストマーケティングするイベント企画「長良川おんぱく（温泉泊覧会）」の開催や地域商社として機能する「長良川デパート」を展開してきた民間の若手起業家によるものです。

長良川上流域の郡上市出身の蒲勇介代表理事は、九州大学芸術工学部を卒業後に岐阜に戻り、２００１年（平成13年）に別のＮＰＯ法人の設立に関わり、副代表理事として地元での活動をスタートさせました。

九州で学生時代から地域の情報発信に関わっていた蒲さんは地元に戻ってからも、グラフィックデザイナーとして印刷事業を起業して地域と関わり、情報発信に携わっていました。その経緯で、生まれ育った長良川流域の豊かで美しい自然や、そこで培われた歴史と文化、伝統産業が誇ってしかるべきものであることを確信したのです。

しかし、岐阜市内には観光まちづくりのプラットフォームがないことや地域ブランドが確立されていないことを知り、その必要性を痛感します。そんな思いから2011年(平成23年)に、NPO法人ORGANを設立しました。

岐阜と長良川に愛と誇りを持って暮らす人を増やしたい

NPO法人ORGANの使命は、『「岐阜と長良川に愛と誇りを持って暮らす人を増やす」。そのために、シビックプライドの醸成(内部)と地域ブランドの創出(外部)を行う』というものです。その実践と検証の場としてはじめた「長良川おんぱく」は、大分県別府市で温泉地体験型プログラムを実施する別府ハットウ・オンパク(別府八湯温泉泊覧会)の手法を学び、NPO法人ORGANを設立した年からスタートさせました。地域の魅力ある観光資源を発掘して体験プログラムに育て、広く一般に参加者を募って体験してもらうイベント事業です。

長良川流域にある温泉旅館や酒蔵、神社仏閣から飲食店、伝統工芸作家やフォトグラファーなどの個人事業主まで幅広くさまざまな事業者と連携しながらプログラムを開発し、参加者の声からブラッシュアップして活用に関する啓蒙活動を行っています。

その後の活躍は目覚ましく、現在では長良川下流域の三重県桑名市までエリアは広がり、「長良川おんぱく」を全国に数ある「おんぱく」イベントの中でも最大規模にまで育て上げました。蒲代表理事は、こうしたマーケティング力を発揮した次なる一手として「長良川ＤＭＯ」を設立したのでした。

「旅行代理店が観光客を連れてくる」のは過去のこと

高度経済成長期の頃まで観光と言えば、大型観光バスに乗って団体で訪れる「ご一行様」が主流でした。旅行代理店が旅館やホテルの多くの部屋をブッキング（予約）して、一度に大勢を送迎するスタイルが業界慣行として一般的だったのです。

観光地としては旅行代理店にほぼ依存する姿勢で、待っていればいい、受け入れ態勢

（キャパシティ＝収容規模）さえ整えておけばいい、といった風潮が大勢を占めていたのです。さらにバブル経済の伸長にともなって、大型設備投資で拡張する民間資本の旅館やホテル、さらには公的機関さえも宿泊施設の設営に投資を仕向けました。

余暇の過ごし方の多様化で観光は団体から個人へシフト

その後、バブル経済が崩壊したことや製造業を中心に企業が海外へ生産拠点を移転してきたことなどによって、日本の産業構造は転換し、経営者にとっての経営環境や競争環境、従業員にとっての就業環境や労働環境が劇的に変化していきます。

こうして福利厚生の観点で行われてきた企業の団体旅行は、次第に実施されなくなっていったのです。また、レジャーや余暇の過ごし方が多様化してきたことや、インターネットの普及で観光地の情報収集や宿泊予約が個人でも容易に可能となったこともあり、観光は団体から個人へとシフトしていきました。

岐阜県内でも、最盛期に年間１８０万人が宿泊して賑わった下呂《げろ》温泉で、バブル崩壊後に観光客は徐々に減り続け、２０１０年（平成22年）には年間１００万人を割り込み、

INNOVATION CASE 9

東日本大震災や御嶽山噴火の影響もあって危機的な事態に直面したのです。

観光産業を取り巻くこうした劇的な環境の変化は多くの観光地を直撃し、廃業に追い込まれる民間事業者や閉鎖を余儀なくされる公設宿泊施設が全国各地で噴出しました。

ハード主体で設備を整えさえすれば、「後は口を開けて待っていればいい」という姿勢では立ち行かなくなってしまったのです。

観光事業者が組織の中核をなす観光協会は、地方自治体の観光を所管する部署（もしくは商工会／商工会議所）が事務局となっているのが一般的で、主たる業務はお祭りなど年中行事の運営、観光案内のパンフレッ

図表7-1　これまでの観光からこれからの観光へ

	これまでの観光（団体客中心）	環境の変化	これからの観光（個人客中心）
観光客	「休みに旅行したい」 「○○○に行きたい」 行くこと自体が目的	価値観の多様化 要求の高度化	「**感動**を味わいたい」 「○○を**体験**したい」 といった明確な理由
旅行社	都市で集客する 「発地型」による 大量集客・大量送客	同等企画の乱立 大衆相手の限界	地域主導で集客を考える 「着地型」での旅行商品 「個」客の**嗜好**を考える
観光地	「施設型」の観光資源開発 「イベント型」観光客誘致	都心施設の充実 魅力の希薄化	観光まちづくり 地域資源育成・活用 **地域ブランディング**

地域の良さを磨き続けることが地域の魅力を高め、観光客が来る理由になる

※大澤健「観光革命体験型・まちづくり・着地型の視点」（角川学芸出版）より一部編集

ト制作や案内所の運営です。

参画する多くの事業者の平等性に配慮して、網羅的な案内パンフレットとなって特徴が見えなくなったり、多忙な中にも事務的にルーティーン(日常業務)がこなされていくこと、運営に行政の予算(税金)が投入されていることで、新しい価値を創出して事業収益を確保する意識が希薄になるといった課題が指摘されています。

観光地に人を主体的に集客する

観光事業者や観光協会を取り巻く外部環境の変化や、内包する課題は長い歴史とともに地域に根ざしており、その根はとても深く一朝一夕で解消できるようなものではありません。民間事業者にとっては、経営者としての体裁や地元の名士としてのメンツと自社の経営実態とのギャップ、行政にとっては、果たすべき社会的使命の存在と課題解決能力に限界があるという実態との乖離《かいり》、協会組織にとっては、一律に構成メンバーに対して中立・公平・公正であるべきという理念と魅力が伝わる情報発信のあり方との相違などが、その内容として挙げられます。

観光で地域を活性化するためには待っているだけではダメで、主体的・戦略的に地域に集客するノウハウが必要です。また、成果にコミットして実績を上げ続けていく体制（しくみ）が必要と考えられるようになりました。

そこで、海外の成功事例をもとに観光庁（国土交通省）が発信元となり、日本版ＤＭＯの設立が喧伝されるようになったのです。ＤＭＯは「観光地域づくり法人」との呼称で、地域の多様な関係者を巻き込みつつ、科学的アプローチを取り入れた観光地域づくりを行う舵取り役となる法人として、観光庁により登録制度が整備されました。

「日本版ＤＭＯ」に登録した下呂温泉観光協会が宿泊客数を増加させる

また、ＤＭＯが求められる社会的背景としては、急激な人口減少によって地域経済が縮小していく中で、観光振興による交流人口（地域を訪れる人の数）の拡大が地域活性化につながる重要な政策課題であると認識されるようになってきたことも挙げられます。

これは、かつては地域にあった製造工場に従業員として勤め、そこで生産された工業製品が国内外で売られることによって外貨を獲得していたアウトバウンド（外地での利益獲得)の産業構造から、インバウンド(内地での利益獲得)の産業構造に転換を余儀なくされていることにほかなりません。岐阜県内では2017年(平成29年)に、下呂温泉観光協会が日本版DMOに登録されました。

民間主導で宿泊客のデータを月次集計し、客層別に最適な手段で集客するマーケティング分析に取り組んだ結果、温泉街の宿泊客を年間110万人まで取り戻しました。

これに加えて、市内での滞在時間と消費金額の拡大をめざす科学的アプローチを取り入れたやり方を進めています。下呂温泉の観光客を豊かな自然や伝統文化の残る周辺地域に誘導し、下呂市全域を対象エリアとするエコツーリズムによって観光による経済効果を高めることが狙いです。

フリーペーパー「ORGAN」で地域の魅力を発信する

蒲代表理事がNPO法人ORGANを設立するきっかけは、「岐阜なんて何もない」という若者の声をよく耳にしたことから「このままではダメだ」と奮起したのです。まず、2003年(平成15年)に岐阜市内の町屋に住居兼デザイン事務所を借り、地域の魅

INNOVATION CASE 9

力を掘り起こして発信するフリーペーパー「ＯＲＧＡＮ」を発刊したことが、ＯＲＧＡＮ（発足当時は任意団体）の歩みのスタートでした。そして第7号までの季刊誌を発刊したころから「岐阜に住むきみがこのまちを愛するように」とのキャッチコピーに共鳴する若者が、次第に集うようになりました。

また、地域をくわしく知るために「伊奈波《いなば》界隈まちづくり会」などの活動にメンバーの一員として参加。「岐阜町若旦那会」を結成して、地域活性化に取り組む若手経営者の人脈も形成しました。

２００４年（平成16年）には、フリーペーパーＯＲＧＡＮの誌上プロジェクトで、岐阜市の伝統工芸品「水うちわ」の再生・復活プロジェクトに取り組み、全国的に取り上げられたことで人気を博して見事に復活させました。さらに、「ぎふ町屋情報バンク」の事務局を務め、調査事業に参画したことで、人と人との縁づくりから町屋の保全と継承に貢献しました。

２０１０年（平成22年）には、岐阜市教育委員会主催の事業で、岐阜市中央青年会館の「青年チャレンジ講座」の一環として開催された「古今金華町人ゼミ」と銘打ったワークショップ形式の講座を全6回シリーズで開催し、コーディネーター役を務めました。

地元について学べる「古今金華町人ゼミ」を開催

「古今金華町人ゼミ」は地域内に暮らす人と地域外の若者が出会い、地域の人々が地元について改めて学ぶ機会を創出し、まちづくりの当事者を育成する目的で企画された事業です。

岐阜のまちの魅力をプログラム化する人材の育成に携わり、翌年から開催をスタートさせる「長良川おんぱく」へとつながる流れが構築されていったのです。

「古今金華町人ゼミ」では、古い街並みが残る旧岐阜町（金華・京町地区）を舞台として、築100年を超える町家と老舗めぐりや長良川での船遊び、お寺で自分と向き合う座禅と「くらやみごはん」、岐阜の舞妓《まいこ》さんと出会うお座敷遊びなどのプログラムが開催されました。

参加した若者からは、「さらに岐阜での暮らしを好きになれそう」「新鮮な体験がたくさんできました」などのコメントが寄せられ、好評を博しました。こうして翌年度もNPO法人ORGANとして継続して、企画進行のコーディネーター役で関わることになったのでした。

INNOVATION CASE 9

「オンパク手法」の体験交流型プログラムを地元で開発

まちづくりなどの地域活性化に関する知識と経験を積み重ね、2011年(平成23年)にNPO法人ORGANを設立して法人格になったことで、岐阜県や岐阜市といった地方公共団体の委託事業の受託事業主体となる資格を確保しました。

いよいよ企画運営を担う体制が整い、事業企画を思案した蒲代表理事は、「岐阜と長良川に愛と誇りを持って、暮らす人を増やす」という理念に照らし合わせ、「長良川でつながる」「長良川に生まれた地域として、全員参加型の地域まちづくりをやろう！」との熱い想いを胸に「オンパク手法」に着目しました。

「オンパク手法」とは、2001年(平成13年)に大分県別府市にある8つの代表的な温泉地「浜脇・別府・亀川・鉄輪《かんなわ》・観海寺《かいかんじ》・堀田・柴石・明礬《みょうばん》」が、温泉資源を活かした産業振興を目的としてスタートした別府八湯温泉泊覧会が起源です。

「健康と温泉」などをテーマに体験交流型プログラムを地元の人々で開発し、地域資源の活用と人材育成を推進することで、その集積として滞在型温泉地づくりを目指したイベントです。初回開催時から注目されることとなり、その後ノウハウ提供を全国の観光地に向けて行うようになりました。

「長良川おんぱく」で地域資源の活用に取り組む

要約すると「オンパク手法」は、一定期間内に一定エリアの地域資源を活用した体験型プログラムを多数開催し、事前予約制で集客を行うもので、地域一体となって地域資源の活用に取り組む「体験プログラム見本市」です。

一つひとつのプログラムは、観光開発のテストマーケティングとして実行されます。主催者の立ち位置は事務局の位置づけで、すべてのプログラムを統制するのではなく、プログラム開催者を事業パートナーとして企画段階からバックアップし、コミュニティを形成して全体のモチベーションを高めて進行していくことが特徴です。

長良川おんぱくは、初年度開催の２０１１年(平成23年)に体験型イベントとして１００プログラムが実施されました。その企画段階で、事前準備としてプログラム開発に向けた説明会やワークショップが開催される段取りとなっています。

趣旨説明を聞いて「プログラム練り練りシート」(プログラム開発用ワークシート)への記

入を進めていくことで、比較的容易にプログラム提供者として参画できるしくみが整えられています。私も側面的に支援する傍らで、第２回開催時にはプログラム主催者として参加した経験があります。

INNOVATION CASE 9

伴走型で観光コンテンツ開発をバックアップ

持続的な地域活性化を目指す「長良川おんぱく」の開催の体制としては、旅館組合、商工会議所、自治体を巻き込んだ実行委員会方式を採用しています。ＮＰＯ法人ＯＲＧＡＮは主催者ではなく、実行委員会事務局としての立ち位置に徹しています。

プログラム開発に向けた説明会やワークショップを開催し、観光コンテンツ開発を伴走型でバックアップすることで、地域の人々が主体的に自らの知恵と努力で地域の活性化に参画する環境と意識を涵養《かんよう》しているのです。観光産業に従事した経験がなくても、地域への愛着と情熱を持っていればいいのです。

事業に取り組む際に成功するかどうかの分岐点として、こうした意思決定のプロセスは大変重要な要素であり、もっと世間の耳目を集めるべきでしょう。

夜明け

過去の経験は時として固定観念として思考を停止させてしまいます。また、事業の着手にあたって形式的に書面だけ見栄えよく整えたり、手法だけ模倣して事務的に実施したり、上意下達の指示命令によって行ったり、参加者を従属的な立場に置いて知恵や労力だけ搾取《さくしゅ》するようなしくみであっては主体的な参画に至らず、表層的で儀礼的な一過性の取り組みになってしまうのが世の常です。

「武士の商法」という慣用表現があります。日本語大辞典の最高峰とされる大辞林（第三版）の記述では、

「商売のやり方が下手であることのたとえ。明治維新以後、武士であった者が商売をしても、いばってばかりいて失敗することが多かったのでいう」

とあります。

行政が主導、または指導する事業で往々に散見され、私も長年、産業振興分野の公的支援の場面で直面しましたが、「オンパク手法」は主催者の基本姿勢および意思決定のプロセスにおいてそうした制約条件（妨げとなる障壁）を回避している点で優れていると言

えるでしょう。

蒲代表理事のもとに次々と集まる旅館経営者や多くの関係先

「長良川おんぱく」は、そうした優れたプラットフォームのもと、熱い想いを持ちながらも温厚で柔和な性格の蒲代表理事に惹かれて集まった若い人々が中心となり、徹底的に深掘りした地域資源へのこだわりで体験型プログラムを開発し、実施してきました。

岐阜長良川旅館協同組合の旅館経営者をはじめ多くの関係先を巻き込み、持続的な地域活性化のしくみとして長良川流域に確かに定着しました。この実績を自他ともに認められることとなり、長良川ＤＭＯはＮＰＯ法人ＯＲＧＡＮが母体となり、地域連携ＤＭＯとして登録されるに至ったのです。

INNOVATION CASE 9

期間限定イベントの限界を迎える

ＮＰＯ法人ＯＲＧＡＮが、日本版地域連携ＤＭＯ候補法人として観光庁に登録されたのは、２０１６年（平成28年）２月のことです。折しも２０１５年（平成27年）12月には、長良川上中流域の郡上市、美濃市、関市、岐阜市を対象とした「清流長良川の鮎――里山における人と鮎のつながり――」が、国際連合食糧農業機関（ＦＡＯ）から世界農業遺産に認定され、長良川ＤＭＯ設立への機運は高まっていました。

２０１８年（平成30年）７月には地域連携ＤＭＯとして、長良川ＤＭＯを設立し、観光庁に正式登録されて今日に至っています。

期間限定の「長良川おんぱく」では、

①恒常的な観光プロモーションと集客
②着地型観光の事業収益化
③インバウンド観光客の受け入れ体制の整備
④まちを見た目で変えていく空き家活用やエリアマネジメント

などへの取り組みに限界があると蒲代表理事は感じていたことが、長良川ＤＭＯを設立した一番の理由です。「長良川おんぱく」が30代女性を主なターゲットに設定しているのに対して、長良川ＤＭＯでは50歳代夫婦を主なターゲットに設定し、長良川流域内の周遊率を上げてエリア内での消費額を高めることを目指しています。

INNOVATION CASE 9

全国出荷8割を占めるも知名度が低かった和傘の復活劇

観光庁に登録されているDMOを一覧すると、従来からある観光協会などの社団／財団法人が母体となっている例が数多く見られます。

一方で長良川DMOは、長良川流域をブランディングすることで自分の住むまちに誇りを持ち、アイデンティティを確立したいとの熱い想いを持つ蒲代表理事に共感して集まった、地元の若い人々を核に構成されていることに特徴があります。従来の枠組みにとらわれない、若く溢れんばかりの情熱と感性豊かで「柔軟な発想」で地域の魅力を発掘し続けており、十六銀行など地元の金融機関との連携構築も進んでいます。

また、全国出荷の8割を生産しながらも知名度が低く、誰もなかなか目を向けなくなっていた和傘に着目し、若い担い手とともにその魅力を発信して年間1000万円以上の売上を誇るまで見事に復活させました。

その過程では、地元の岐阜信用金庫と連携した「和傘のブランド向上プロジェクト」に取り組み、日本財団が地域金融機関と連携して行う「わがまち基金」から1000万円の助成金を受けて、古民家を改装して和傘をはじめとした伝統工芸品を主に扱う複合テナント施設「長良川手しごと町家ＣＡＳＡ（カーサ）」をオープンしたのでした。

攻めの「和傘マーケティング」が和傘協会設立を導く

和傘の制作と実演にあたる若い担い手の高橋美紀さんと河合幹子さんは、女性ならではのしなやかで繊細な発想と感覚の持ち主です。桜の花びらの色と形をした美しい和傘や大河ドラマの明智光秀にちなんで、紫色で桔梗紋の形をした精悍《せいかん》な和傘など、これまでにない艶やかな和傘の制作にも精力的に取り組んでいます。

話題は全国におよび多くのメディアで取り上げられるようになり、和傘が新鮮なものとして改めて注目されるようになりました。見栄えのする土産物として空港でも取り扱われるようになり、外国人観光客にも人気の商品となっています。

積極的な和傘のマーケティングへの取り組みは既存の生産者達を刺激することとなり、新たな担い手の育成に向けて、和傘職人ら６人が一般社団法人岐阜和傘協会を設立するに至りました。長良川ＤＭＯが先導し、伝統の技を次世代に伝えるために業界が一丸となって取り組む姿勢を引き出したのです。

私も岐阜市の依頼を受けて数年間、和傘をはじめとした伝統工芸品の支援をしてきましたが、ここまで前進させることができなかったのは、やはり出口戦略として「販売実績＝収益確保」を担うことが叶わなかったことにある、と今になって思います。

自然と触れ合える場として「乗船体験」事業をはじめる若手も

また、「長良川おんぱく」や長良川DMOの取り組みを象徴するような、長良川と深く関わる若手人材に川漁師の平工《ひらく》顕太郎さんがいます。鵜飼舟の中乗りのキャリアから長良川との関わりを持ち、自然を愛する気持ちから川の魅力や自然との触れ合いを多くの人々に体験してもらいたいと、乗船体験を行う事業を創業しました。

かつて川遊び体験の事業者の元で就業した経験を持ち、川遊びの楽しさやその裏に潜む脅威について高い関心と知見を持っていることを強みとして事業をスタートし、今では多くのファンを獲得しています。

長良川DMOの運営母体であるNPO法人ORGANでは、地域商社（地域の農産品や工芸品をブランド化して販売する企業）である「長良川デパート」による小売事業や、地域限定旅行会社として旅行業登録した「長良川めぐるツアーズ」における流域周遊観光商品（長良川体験チケットなど）の販売を通して、事業の持続可能性を担保するための収益確保に努めています。

販路開拓の道筋が見えた現在の最大の課題は「担い手の発掘」である、と蒲代表理事は認識しており、情熱を持って真摯に各分野の事業に取り組む若手人材の育成を目指しています。

意思決定で強く求められる「意思疎通」と「合意形成」

ＤＭＯが「観光地域づくり法人」として機能して永続的な発展を遂げていくためには、「異なる立場」の人々が「同じ想い」を持ち、情熱と心血を注いで事業に取り組む必要があります。そのためには、意思決定のプロセスで「意思疎通」と「合意形成」が重要になってくるのですが、その手法を学ぶ機会は少ないのが現状でしょう。

従来のまちづくりや観光協会など行政も関わる組織・団体の意思決定では、上意下達に同調するような風潮や、事務手続きだけ整えて魂が込められないまま事業が進行するといった事例が散見される原因が、そこにあります。

ＮＰＯ法人ＯＲＧＡＮの蒲代表理事は、世代や所属が異なる人々が集って対等な立場で話し合い、それぞれの知見と強みを十分に引き出して、魅力ある情報発信に取りまとめていくためには、体系的に手法を修得する必要があると考えました。

そこで、自らの時間と労力を費やして新潟まで出向き、先進・成功事例として知っていた「ＮＰＯ法人まちづくり学校」の大滝聡代表理事や「えにし屋」の清水義晴代表のもとで、場づくりや会議の手法、ワークショップデザインやプロジェクト設計などのコーディネーション手法を体系的に学びました。

「次世代育成」に必要な異なる視点の知恵の結集と行動力

時代の変革期では、特定のリーダーの主観的な判断による専制君主的な指示命令は、それが主に過去の知見や成功体験に依拠しているという観点で、組織や団体がしたがうにはあまりにも脆弱な根拠となるのです。

夜明け

従来の大量生産・大量消費の時代の企業活動や安定な成長を遂げてきた時代の意思決定の場面では、組織の構成員は従順にリーダーに同調していれば良かったのですが、外部環境が急激に変化し、情報が氾濫する今の時代には適応できません。そこで必要となってくるのが、「異なる視点の人々が集って合意を形成する」意思決定のプロセスです。

一個人としては、「読み書きそろばん」や「先生の話をよく聞くこと」に長けた従順な生徒であるだけでは、今の時代を生き抜いていくことは困難です。社会を構成する一員として衆知を結集して合意を形成し、この激変する環境を乗り越える方策を皆で検討して歩みを進めていかなくてはならないのです。

私の経験からは、地方公共団体の職員は地域の人々との対話を、本音では忌避《きひ》したいと考えているということが言えます。そうした場面は、往々にして苦情・陳情が寄せられるケースであり、一個人の担当者では解決に至らなかったり、根深い問題であってこれまで先送りされてきたことであるためです。

第2章で見てきた幾重にもわたる「壁の存在」によって、問題について耳を塞いでしまいたい、面倒なことは先送りさせてしまいたいと考えてしまうのです。

民間企業の意思決定においては「現地・現物・現実」と言われるように、真実を知っ

INNOVATION CASE 9

て問題の解決にあたることは、経済合理性を追求していくうえで最も基本的な態度として求められます。行政においてもそうした姿勢で臨まなければ地域の課題を解決することはできないのですが、地方公共団体職員も街の人々も「意思疎通」や「合意形成」の場面に接する機会がこれまで少なかったことから、まずはそうした「場の創出」が求められます。

私が現在、日本生産性本部地方創生カレッジ総括プロデューサーとして、官民連携講座を展開している理由も、そこにあると自認しています。次世代を担う若い人々がそれぞれの感性と能力を発揮して、活躍する道を拓いていくための環境整備が必要となっているのです。

夜明け

INNOVATION
CASE
10

若い活力で甦った「ながせ商店街」の賑わい

空き店舗だらけだった街に見事に人を呼び込んだ「タウンマネージャー」の挑戦と底力

［ 多治見市 ］ 多治見まちづくり株式会社

「ながせ商店街」の復興

地方創生は「よそ者、若者、バカ者」が担うと言われ、その体現者であることを自認する商店街振興の第一人者の苦労と熱い想いを紹介します。その取り組みを通して、地方創生の担い手や二代目、三代目社長が学ぶべき要素を抽出し、要点を示します。

INNOVATION CASE 10

「まちづくりの会社」を設立

岐阜県南東部（東濃地方）に位置し、夏場にしばしば国内の最高気温を記録することから、メディアで「日本で一番暑いまち」として紹介される多治見市に「多治見まちづくり株式会社」はあります。濃尾平野の東北端にあることで、名古屋近郊の暖気が滞留する地形であるために、多治見は高温となるのです。

同社は多治見市内の中心市街地のまちづくりを運営・管理するために、２００１年（平成13年）にＴＭＯ（タウンマネジメント機関）として、多治見市役所や商工会議所、信用金庫、商店街組合、地元資本の企業が出資して設立されました。

多治見市は古くから生活食器の陶磁器や建設資材のタイルなど、美濃焼の産地、集積地として発展してきました。市内には卸売問屋や由緒ある窯元が点在し、陶芸作家が工房を構え、陶磁器に関する美術館やギャラリー、専門学校などの施設も数多くあります。

また、愛知県と隣接しており、名古屋までＪＲ中央本線で30分程度と近く通勤圏内にあることから、昭和50年代に宅地開発が進められたことでベッドタウンとしての役割も果たすようになり、東濃地方（多治見市・土岐市・瑞浪市・恵那市・中津川市）の中核都市となっています。

法律や契約上の理由から事業は7年間も塩漬け

東濃地方で生産される美濃焼は、大量生産される生活食器であり、良質ではありますが、単品単価が安いことがその特徴です。全国の生活食器の半数以上を生み出す最大の生産拠点ですが、東南アジアや中国からの安価な輸入品の影響を受けやすく、近年は廃業する陶磁器メーカーや卸売問屋も少なくありません。

そうしたことが主な理由となり、多治見市の人口は２０１９年(令和元年)９月のデータで約11万人ですが、２００６年(平成18年)に旧土岐郡笠原町を合併したのち、２００８年(平成20年)から年々減少の一途を辿っています。

多治見まちづくり株式会社は設立当初、ＪＲ多治見駅に隣接する駐車場の運営で収益を生み、それを原資として各種のまちづくり事業に取り組む予定をしていました。しかし、設立からほどなくして、法律や契約上の理由などが阻害要因となり、「事業収益＝活動原資の確保」が困難な事態に陥ってしまったのでした。

当初見込んでいた収益が得られないまま、市役所から指定管理を受託していた公共施設の運営も毎年赤字が続いて市から補填を受けるという状況で、中心市街地を活性化する構想は水面下のまま、およそ7年の歳月が過ぎていきました。

INNOVATION CASE 10

新社長と行政が協力した「人材募集」で吹き込んだ新風

まちづくり会社が果たそうとする夢と希望に満ちた機能と役割、そして明るい未来に期待して発起人となった地元資本の事業者らは何も進まないまま歳を重ね、理想と現実のギャップに失望の念を抱き、次第にモチベーションが低下していきました。

そうした中、２００９年（平成21年）６月に開催された定時株主総会で代表取締役の改選が行われ、新社長と行政が中心となり商店街の活性化につながる事業展開のための新たな方針が打ち出されました。そこで事業の実施に向けた調査事業にあたる人材を募集することとなり、大きな転機を迎えました。

多治見まちづくり株式会社によって「中心市街地活性化に係る調査事業」の１年半の人件費を予算として、調査員の求人募集がなされました。その応募から審査を通過して同年8月に採用されたのは、家族を石川県金沢市に残して単身赴任で多治見に乗り込んできた小口《おぐち》英二さんでした。

長野県岡谷市出身の小口さんは金沢大学を中退して、金沢市内の片町商店街にある飲食店などでアルバイト経験を積み、調理師免許を取得、その後に金沢市のTMOである株式会社金沢商業活性化センターに勤務した経験を持つバイタリティ溢れる青年です。

進める事業計画に反発するネガティブな声

小口さん(当時30歳)は、金沢商業活性化センターでリーダーシップを発揮して、論理的にまた情熱的に企画調整から事業実施までこなす先輩の姿に憧れながら、まちづくり会社による幅広い領域の事業や事務手続きに従事しました。

また、のちに市町村の調査事業や計画づくりを主とするコンサルタントの職務に就き、まちづくりに関する幅広い見識と客観的に俯瞰する視点を養いました。その上で改めて、自ら主体的に責任を持って事業に取り組みたい、もっと現場に出て人と仕事がしたいとの熱い想いを胸に抱き、多治見にやってきたのでした。

INNOVATION CASE 10

第一子が誕生したばかりの奥様が理解を示して後押ししてくれたこともあり、人生を賭けリスクを背負い、情熱とともに単身多治見へと乗り込んできた小口さんでした。入社直後の挨拶まわりでは「頑張れ」との応援や期待の声もありましたが、関係者からのショッキングなコメントに衝撃を受けたのです。

それは「どうせムダだ、ムリだ」「お金がかかるから何もするな」「出資金を返してくれ」といった悲痛な叫びともとれる、非常にネガティブな反応の数々でした。小口さんは出鼻を挫かれるような思いをしながらも、前向きにスタートを切りました。

まちづくり会社の推進を意図し、「法」「支援制度」が整備

まちづくり会社が全国につくられるようになったのは、１９９８年（平成10年）に中心市街地活性化法が施行されたことが起源です。百貨店やスーパーマーケットなどの大型店舗や高効率経営で多店舗展開するコンビニエンスストアが街の小売業界を席巻し、小規模事業者である商店主とその集合体である商店街を圧迫していました。

そうした中で、中心市街地の商業集積すなわち商店街を一つのショッピングモールと

見立てて、一体的かつ計画的に整備していくための体制としてタウンマネジメント機関（ＴＭＯ）の設立が法的に整備されたのです。

主に経営基盤が脆弱な商店主によって構成される商店街には、意思疎通の場として「商店街振興組合」とその法的根拠として「商店街振興組合法」が１９６２年（昭和37年）に制定されて今日に至ります。

商店街を一つの法人とする試み「タウンマネジメント機関（ＴＭＯ）」

その取り組みは、個店展開を前提とした当該地域の環境整備（アーケードや電燈など）であったり、協同して取り組む経済事業（イベントや特売セール）に向けた合意形成が主な協議事項です。「タウンマネジメント機関（ＴＭＯ）＝まちづくり会社」は、さらに一歩踏み込んで、商店街を一つの法人とみなして運営しようとするものです。

まちづくり会社が取り組む事業は、市町村による基本計画からＴＭＯ構想（中小小売商業高度化事業構想）をまとめて市町村の認定を受け、ＴＭＯ計画（中小小売商業高度化事業計画）を策定して経済産業大臣の認定を受けることで、さまざまな支援策を受けられるように法律や支援制度が整備されました。

しかし、商店街ではそれら事業の企画調整や実施に主体的に取り組み、責任を持って担う人材がなかなか見当たらないことや初動にかかる資金や情報が不足していること、また複雑な利害関係の対立が成功の阻害要因になっていたのでした。

時代背景としては、１９９２年（平成４年）以降にバブル経済が崩壊して景気が低迷し、消費の冷え込みが深刻化していました。

また、貿易不均衡などを協議する対外的な交渉の場面では、百貨店やスーパーマーケットなどの出店を抑制する大規模小売店舗法が俎《そ》上《じょう》に載り、規制緩和が求められました。

図表7-2　商店街に来街者が減った要因【複数回答（3つまで）】

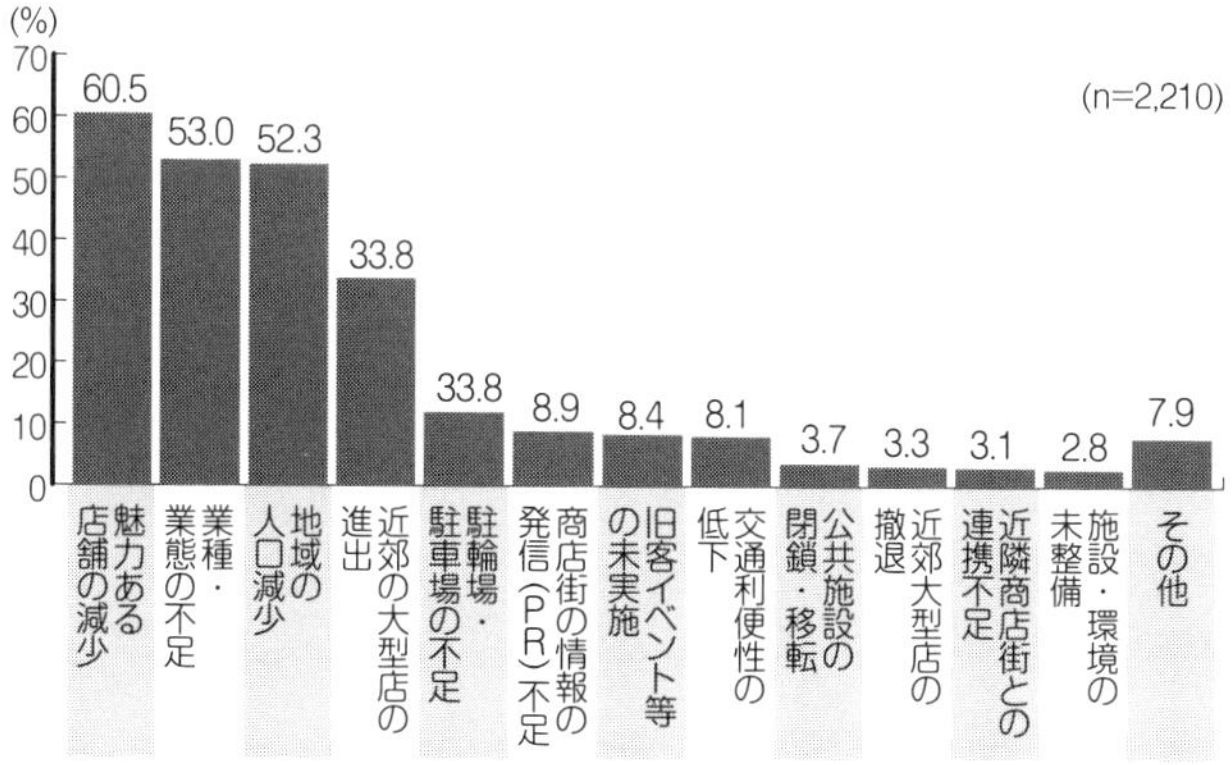

※「平成30年度商店街実態調査報告書」中小企業庁より

こうした事象を契機として、大型店舗を運営する大資本は商業集積地でコンビニエンスストアを多店舗展開し、幹線道路に面する郊外で大型のショッピングモールを展開するようになり、商店街を取り巻く外部環境はさらに厳しさを増していったのです。

商店街の衰退にブレーキが効かず拍車がかかる

まちづくり会社には、地方自治体の主導的な立場での計画策定と財源確保によるバックアップのもと、商店街に関わるさまざまな関係機関を束ね、中心市街地活性化の中核となって企画を調整し、事業を推進していくことが期待されていました。

個人商店をその基盤とする商店街では、その「大役を担える人材＝プロジェクトマネージャー的な存在」がなかなか見当たらないことは、容易に想像がつくことでしょう。さらに、商店街の根幹をなす個人商店の運営自体が売上減や後継者難などの理由で弱体化を余儀なくされる状況下においてはなおさらです。

その後、２００６年(平成18年)に中心市街地活性化法は、「市街地の整備改善」と「商業等の活性化」に加えて、「街なか居住」や「都市福利施設の整備」などの支援措置を追加することにより、中心市街地での「都市機能の増進」「経済活力の向上」を図るという総合的な支援法に改正されました。

これにともなって、タウンマネジメント機関（ＴＭＯ）の法的位置づけは外されることとなりましたが、その機能と役割は商店街振興組合や商工団体では持ち得ない重要なものとして、地方公共団体と地域の人々に認知され、存続することになりました。

「都市の持続可能性」に欠かせないタウンマネジメント

中心市街地を活性化しようと、時代の変遷とともに改正や廃止をともなう法整備が進められてきましたが、少子高齢化や流通業態の急激な変化の中で、地方都市の中心市街地、すなわち商店街の衰退は歯止めが効かず、むしろ事態は悪化の一途をたどるばかりとなってしまいました。

産業が高度化し、情報化社会が到来したことで、地方都市の若者は高校卒業とともに進学や就職で地方を離れて都会に出て行き戻らないままとなってしまい、商店街の中小小売業や飲食業の後継者・担い手は次第にいなくなり、シャッターを閉ざしたままの店舗が増えていきました。

「都市の持続可能性」を考えるとき、タウンマネジメント機関（ＴＭＯ）は法的位置づけがなくても、都市計画の観点から、あるいは産業振興の観点からも、もはや必要不可欠なプレーヤーとして中核に位置づけられる存在へと昇華しつつあります。

地方都市の中心市街地の衰退とまちづくり会社の役割機能への期待は表裏一体の関係となり、担い手としてのタウンマネージャーの確保とその育成は、中心市街地を活性化するときに成功の鍵を握る大命題となっているのです。また、地方創生を実現していくためにも、人材の育成は急務と言えます。

「補助事業」「空き店舗」の活用で商店街を再生する

意気揚々と入社した小口さんの多治見まちづくり株式会社での出発点は、関係する人々からのネガティブな反応でマイナスからのスタートとなりました。しかし、そうした声は「根気強く話せば理解してもらえる」であろうし、「結果を出して見せていくしかない」と小口さんは考えたのです。

INNOVATION CASE 10

また、自分の人件費が確保されているのは、調査事業の委託期間としての1年半だけ。個人的には早く安心して家族を多治見に迎え入れなければならないし、会社としては事業を維持していくとともに、会社を支える収益事業を創出することが最大の課題であると、使命感に燃えていました。

新戦力として小口さんが加わったまちづくり会社では、「ながせ商店街」に空き店舗が目立つ中、地場産業である陶芸をテーマとした、空き店舗活用による商店街の再生を市の補助事業として取り組みました。

雇用機会の創出を目指す厚生労働書「緊急雇用創出事業」に応募

小口さんは入社した翌日から早速、作業着に着替えて市の担当者とともに空き店舗のペンキ塗りや間仕切りの設営、出店者の募集ならびに施設のPRと額に汗しながら息つく暇もなく取り組み、入社した8月中に1号館をオープンさせたのです。

その経緯において人々が集い、話し合う場所が必要であることに気づいたのでした。

そこで小口さんは、翌年度の事業として空き店舗を改修して活用し、カフェを設営して収益化する企画を立案。従業員を確保する原資として、緊急雇用創出事業に応募しようと準備を進めました。

なお緊急雇用創出事業とは、２００７年（平成19年）のリーマンショックに端を発する世界同時不況以降、地域の雇用失業情勢が厳しくなる中で、離職した失業者などの雇用機会を創出するため厚生労働省が各都道府県に基金を造成し、各都道府県と市区町村で地域の実情や創意工夫に基づき、雇用の受け皿を創り出す事業としてはじめられたものです。

空き店舗の改修費を捻出するためには、どうしても出資金から資本投下するほかに選択肢がないことが明らかなことから、株主にその承諾を得ようと訪問したところ、小口さんは再び予期せぬ壁に突き当たります。

それというのも、過去の経緯からまちづくり会社への期待値が限りなくゼロに近い、もしくはマイナスになってしまった株主が数多くいて、合わせて約２００万円（40口）もの出資金の返還を求められることになってしまったのです。

小口さんはそれでも挫《くじ》けず、希望者には全額出資金を返還して、新たな出資者を募ることにしました。

INNOVATION CASE 10

新たな資本構成ではじめた事業が「カフェ温土」

　まちづくり会社に入社して、4カ月ほど経過した年末年始のことでした。実家に帰省中の携帯電話にまで、容赦なく出資金の返還を要請する電話がかかってきたのです。心機一転、新天地に意気揚々と出向いた小口さんにとって、家族との穏やかならぬ年の瀬とお正月になりました。

　しかし、これまでにも幾多の苦難を乗り越えてきた小口さんは、打たれ強く困難をものともしないタフで前向きな性分の持ち主。新たなカフェ事業の企画調整とその実施に向けて、前進あるのみとの自覚のもと、理解ある出資者を獲得することに成功しました。

　出資金の返還要請に真摯《しんし》に応えたことと、誠実な態度で新たな出資者を社長との二人三脚で募ったことで、出資者の事業への理解が深まり応援者が増える結果となりました。「災い転じて福となす」の体現者としてマイナスからプラスに転じた小口さんは、いよいよ新しい収益事業の創出に向けて、邁進していく体制を整えることができたのでした。

　こうして、ようやく開業に向けてスタートを切ることができたカフェ事業は、市の協力による諸施策の活用と小口さんの矢継ぎ早の段取り準備によって、2010年（平成22

年）7月にオープンしました。

人々が商店街や多治見のことを自由に語り合う場へ

小口さんの入社1年目の区切りのタイミングで開業に至ったカフェは、夏に熱い陶磁器のまち多治見にちなんで「カフェ温土《おんど》」と名づけられました。雇用した3名の若い女性が中心となって運営しているこのカフェは、ながせ商店街にこれまでなかったお洒落な雰囲気で、地元の食材を中心に丁寧な手づくりのランチ・メニューが特に人気を集めています。

女性客を中心に来店客数は安定的に増え続けており、利益はまだですが売上も順調に伸び、その集客力が派生して商店街を訪れる人々も増加。出店希望者も出てくるようになってきました。

商店街のこうした賑わいの創出に対して、

「税金を使って競合する店をつくるのか」

「人が増えてうるさくなった」

といった批判的な言葉を耳にすることもありましたが、小口さんは固い信念のもと口には出さないものの「それは違う」と、事業を企画調整して実行に向けて突き進んでいく姿勢を崩しませんでした。

また、商店街は想定した通りカフェに人々が集まって、夜遅くまで商店街や多治見のことを話し合う場になりました。つまり、小口さんの熱意溢れる言動が若い経営者たちの刺激となって、新しい活動も芽生えるようになったのです。

INNOVATION CASE 10

秋に定期開催される多治見らしいイベント「商展街」

空き店舗が目立ち、明らかに衰退の一途を辿っていたこの商店街では、経営を続けている商店の若い経営者たちが何かやりたいと思っても、合意形成に至るプロセスがむずかしかったり、消防法への対応や誰がやるのかなどの問題もあって、なかなか具体的に動くことができないまま時間だけが経過していました。

そこに、じっくり自分のことも含めて語り合える場としてカフェ温土ができ、さらに小口さんが加わったことで背中を押されるように、ながせ商店街で多治見らしい新たなイベントとして「商展街《しょうてんがい》」が毎年秋に開催されることが決定されたのです。

このイベントは商店街振興組合の若手経営者による発案で、陶磁器の販売店だけでなく参加するすべての店舗で多治見にゆかりのある若手陶芸作家の作品を展示・販売するものです。イベント当日は普段より多くの人々が商店街を訪れ、店舗ごとに出品している作家が違うため、商店街の回遊性も良くなり大きな賑わいにつながっています。

また、センスの良い雰囲気のカフェ温土を訪れる女性の客層に合わせて、店舗にあるショーウインドウのディスプレイが明るく見栄えのするものに変わってくるなどのプラスの影響も出てきました。小口さんの初仕事としてはじまった陶芸をテーマとした空き店舗活用による商店街の再生事業は、「クラフトショップながせ」という名の店舗開発で続いています。

事業収益は活動の原資となる賃貸事業で確保

クラフト作家に期間限定でチャレンジショップとして貸し出し、貸店舗として入居者が決まればまた違う空き店舗を改修するという商店街再生の好循環モデルです。

INNOVATION CASE 10

２０１０年（平成22年）5月までに2店舗が民間の事業者に引き渡され、２０１１年７月より３店舗目が３号館として稼働しており、まちづくり会社が入居するほか、コミュニティスペースとして多目的に利用されています。

カフェ温土の正式呼称は「うつわとごはんカフェ温土」で、陶磁器をテーマに美濃焼の食器を使って飲食を提供するほか、店内で作陶体験ができたり、展示販売するスペースも設けられています。また、商店街の会議や編み物教室などのイベントも開催されており、まちの人々の交流の場としても大いに役立っています。

小口さんが入社時の最大の関心事として最も心配していた、活動の原資となる事業収益は、「多治見駅北立体駐車場」「駅前広場の指定管理事業」「商店街で改修した店舗のサブリース賃貸事業」などによって、確保されるようになりました。

賑わいあるエリア「ながせ商店街」として変貌

ＪＲ中央本線多治見駅へ続くながせ商店街は、明治時代に国鉄（当時）の中央本線が開通して駅が開設されたことが契機となり、商店街のある長瀬本通りが陶磁器の輸送経路として行き交う旅客と貨物で賑わったことから、その長い歴史がはじまりました。

時代の流れとともに生活用品から生鮮食品そして装身具、さらには文化劇場など娯楽の施設もつくられるようになり、多治見に住む人々の暮らしを支える賑わい溢れる商店街へと次第に姿かたちを変えてきたのでした。小口さんはその機能と役割を何とかまた取り戻したい、との想いを胸に秘めていました。

まちづくり会社の活動原資の確保に目処が立ってきたことから、小口さんは大型案件としてビル再生事業に着手しようと、２００８年(平成29年)に企画を立ち上げました。その対象となる物件を空きビルとして視察し、以前から注目していた「時計・宝石・メガネのワタナベ」を選定しました。

その理由は昭和の頃、多治見に住む人々にとってワタナベ時計店で婚約指輪を選ぶことがステイタスだった時代があったからです。普段の日も特別の日も変わらずキラキラと輝く想い出がたくさん残されている、商店街の賑わいを象徴する場所だったのです。

まちの文化を象徴する指標として事業で新風を吹き込む

INNOVATION CASE 10

平田オリザの著書「下り坂をそろそろと下る」(講談社現代新書)の紹介を受けた小口さんは、「これからの時代を担う子どもたちには、もっと感性に働きかける文化的な体験をして欲しい」との想いに共感し、まちの文化を象徴する指標(メルクマール)として、書店を事業として展開したいと考えました。

市やまちづくり会社の社員ら、そしてまちの人々の理解と協力のもと、多治見で東文堂本店を経営している木野村匡社長に想いを伝え、意見を交わします。そして各地の書店を一緒に視察してまわり、想いを一つにして出店を取りつけることに成功しました。

人々の可能性と多治見の未来がここからひらかれることを願って、再生したビルを「ヒラクビル」と命名し、本を手に取ってゆっくりくつろげる空間をつくりました。足を運びたくなる本屋にしたいとの想いを込めて、書店は「ひらく本屋」と名づけました。

テナントの募集や交渉、情報発信、改装まで多くの人の手を借りながら一歩ずつ準備を進め、資金調達には日本財団のファンド「わがまち基金」や東濃信用金庫の融資を取りつけました。カフェ、レンタルルーム、シェアオフィスを併設して2019年(平成31年)3月にオープンし、商店街に新風を吹き込んでいます。

「共感力」「感動力」が大切なタウンマネージャー

家族を金沢に残して単身赴任で多治見にやって来た小口さんは、2年以上家族と離れ離れで孤軍奮闘していました。事業が軌道に乗りはじめた2012年(平成24年)になってようやく、家族を呼んで一緒に暮らせるようになったのでした。

それでもなお、毎日のように商店街の人々との打ち合せや地元関係者との会食が連日連夜と重なり、なかなか一家団欒の時間を持つことができませんでした。まちづくり会社での仕事を成立させるためには、時間外にも拘束されることを家族が理解して支えてくれたからこそ、精力的に活動することができました。

2019年(令和元年)現在、ゼネラルマネージャー(部長)の職に就く小口さんには、直属の部下が3名います。

既存の事業はあらかた部下に任せ、各事業の計数チェックや新規事業創出のために人と会ったり、商店街の人々がやりたいと思うことをどう実現するのか考えて調整したりという、トータルマネジメントの役割を果たしています。

事業の企画調整から実施、そして経理・会計、労務までひとりでこなしていたスター

INNOVATION CASE 10

ト時の喧騒は、今はもうありません。会社全体としては、役員・社員・パートを含め40人規模にまで大きくなりました。

ひとりでは、すべての職責を果たせない

まちづくり会社のタウンマネージャーには、企画調整、事業実行、資金調達、人事労務などのほか、行政との予算折衝、外部との利害調整、そして各方面との合意形成など、一般の民間企業以上に複雑多岐に渡る役割と機能が求められます。

いくら個人の持てる能力や経験値が高くても、ひとりですべての職責を果たせるはずは到底ありません。小口さんも株主や役員の承認とバックアップを得て、社員に迎えた人々の共感とパフォーマンス、そして商店街やまちの人々の理解と納得を得られたからこそ、人の心が動き、これまで活躍することができたのです。

人を牽引《けんいん》するリーダーシップ能力というよりも、人の心を動かすコミュニケーション能力の高さが求められると言えるのではないでしょうか。熱い想い（パッション）があってもそれだけでは足りません。冷静で論理的（ロジカル）であればいいというものでもあ

りません。これらパッションとロジカルの双方をバランス良く持ち備え、自分の考えや想いをぶつけるのではなく、相手の想いを受けとめて行動を引き出す「感動力」（人を感じさせて自律的に動かす力）こそが、タウンマネージャーの職務能力要件であり、その前段には「共感力」が必要です。

なぜ、タウンマネージャーが見つからないのか

「共感力」とは、自分の考えや想いに対して人から共感してもらい、事業を推進することのできる能力のことです。

かたや、まちづくり会社など行政と民間の第三セクターで設立した会社において、社長などの重要ポストに就く人には、「手続申請能力」「事務処理能力」に長けた人が、地方公共団体や民間企業を退職後に、過去の経験を買われて半ば名誉職として就くことがこれまで多かったように見受けられます。

このことは私が6年間に渡る産業振興の分野における公的支援の場面でも、2年間の地方創生の分野における場面でも、よく遭遇した事象です。

INNOVATION CASE 10

「よそ者、若者、ばか者」が地域を変える

そうした組織では、まちづくりや中心市街地活性化の場面で言えば、支援制度を効果的に活用して空き家・空き店舗のリフォーム(改修)をするのですが、それ自体が自己目的化してしまいます。

事業を推進して収益を確保し、次なる投資へと仕向けていくことこそが肝要ですが、改修した施設は十分に活用されないまま維持管理費の負担だけが重くのしかかることになってしまうのです。

産業振興の場面においても然りで、設備投資が自己目的化したり、組織体制の維持が自己目的化してしまったりといった事例は、枚挙にいとまがありません。

これらはステレオタイプで見たあくまで典型的な事例であり、地方公共団体や民間企業のOB人材を否定するものでは決してありませんが、学業成績や勤務態度など従来の人事評価の指標では到底表出しない、情熱の度合いなどの能力指標を顕在化することが求められます。

そして、特にタウンマネージャーなど広範囲に渡って職務能力の高さを求められるポ

ストには、適材適所の人材を確保して配置していく必要があります。実際に、経済産業省の政策立案の現場でタウンマネージャーの育成は現在、重要な課題として取り上げられています。

地方創生の文脈では「よそ者、若者、ばか者」が地域を変えると言われています。「ばか者」とは「過去の成功体験やしがらみを知らず、苦労を物ともせず躊躇なく邁進する」といった意味ですが、小口さんはまさにそのものと言えるでしょう。先行き不透明だったまちづくり会社にやってきて、数々の苦労にも、

「大変なこともありましたけど、幸せに仕事をさせていただいています。いろんな皆さんからたくさん助けてもらえるので、続けられるのかなと思います」

という何事にもポジティブな思考と突破力は、誰もが見習うべきなのではないでしょうか。

エピローグ
地方の「若い担い手の育成」が「活力ある場」をつくる

私は幼少期に香港で育ちました。その頃、途上国経済の発展に強い関心を持ち、大学で開発経済学を専攻し、海外と関わる仕事をしたいとの強い想いからアメリカの大学に交換留学しました。

バブル経済の絶頂期の１９８９年（平成元年）に東証一部上場の工作機械メーカーに入社して貿易部で東南アジア（韓国・台湾・香港）市場を担当し、国内営業で自動車最大手メーカーのグループ企業担当として従事しました。

その後、経験を買われて取引先であった大手商社直系の設備機械専門商社に転職し、即戦力として海外勤務に出たのは１９９６年（平成８年）のことです。念願叶って新興国や途上国の経済発展に寄与する実感を噛み締めていたところ、日本企業の海外展開が進む一方で、空洞化して疲弊する日本の産業構造を予見したのでした。

私の興味や関心が「途上国経済の発展」から「日本の空洞化への対処」に転換したのは、

エピローグ

フィリピン・マニラに赴任していた２００２年（平成14年）頃のことです。日本に帰任後マネジメントに関わり後輩人材も育ち、仕事に区切りがついていた２００４年（平成16年）に日本生産性本部の経営コンサルタント塾を受講したことから、「日本の空洞化への対処」へと人生の舵を切ったのでした。

日本生産性本部の協力経営コンサルタントとしてコンサルティングに従事した後、日本の空洞化への対処にシフトすべく拠点を地元に移し、２０１２年（平成24年）より岐阜県の産業経済振興に公的支援の専門家として関わりはじめました。

その後、中小企業庁による中小企業・小規模事業者ワンストップ総合支援事業の「岐阜県よろず支援拠点」で２０１４年（平成26年）より、チーフコーディネーター（代表職）に就任して４年間従事しました。県内全域で市町村と連携して、相談窓口を広域に渡って設置し、多くの事業者を支援する中で広範な知見を得ました。

２０１８年（平成30年）以降は、日本生産性本部地方創生カレッジ総括プロデューサーの肩書で国が推進する地方創生に関わり、官民連携講座の開催や情報発信を通じて地方創生の担い手育成に従事しています。「地方創生＝地域の活性化」と端的に表現しても地域によって状況は異なります。解決すべき課題や目指すべき将来像も異なります。

共通しているのは、「将来を担う若い人々の活躍がなければ、地域の活性化はない」ということです。私も含めた社会経験を積み重ねた人たちは、若い人材を育成し、そこに立ちはだかる障害を取り除き、活躍の道を切り拓くことに注力すべきでしょう。

「ありたい姿」から考えたロードマップを描け

志を高く持つ優秀な人材が集い、高邁な理想を掲げて突出したアイデアの元に競争力の高い事業を遂行する企業や組織であっても、成長して次第に規模が大きくなり、安定してくると、その安定を求めて参画してくる人材の比率が高くなる傾向にあります。

また、公的機関など非営利組織においては、そもそも利潤追求や競争原理の概念が存在せず、初めから安定を求めて参画する人材の比率が高く、歳を重ねると次第に（辛辣な言い方をすると）老獪《ろうかい》（いろいろな経験を積んでいて、悪賢いこと）で狡猾《こうかつ》になる傾向があります。そこで醸成される組織風土や就業意識は、イノベーションを創出する土壌とは、ほど遠いものです。

綿密な数値と体裁の整った書類を万全に準備し、立派な役職の人員を配置するなど外見

エピローグ

上の建てつけが立派な事業や組織を形式的に設立したとしても、担い手が不在では画竜点《がりょうてん》睛《せい》を欠き、何の成果も得られません。

イノベーションの創出には、リスクを覚悟で心血と情熱を注いで未知の領域を切り拓く崇高な理念と志、将来を見通す目を持つイノベーター（開拓者・革新者）の存在が不可欠です。誰もがイノベーターになれるとは言いませんが、フリーライダー（タダ乗りする人）であったり、ターミネーター（終結させる人）になってしまってはいけません。

「未来を予想する目」で「あるべき姿」や「ありたい姿」を見通し、実現のために何をすべきかロードマップ（工程表）を描き、順に何をするのか思案する「目的指向型思考」で臨みたいものです。「熱きイノベーター＝若き担い手」が活躍する道を拓き、未来を託す姿勢を示して組織が一丸となって、イノベーションの創出に邁進しましょう。

本書の執筆にあたっては、お忙しい日々の事業推進の中、紹介事例の情報提供をいただきました経営者・代表者のみなさまに、心より厚く御礼申し上げます。

また、「経営コンサルタント塾」を受講した２００４年（平成16年）当時より長年に渡って指導と、今回の出版の機会を与えてくださった日本生産性本部会員サービスセンター髙松克弘部長、原稿の執筆の折からお手を煩わせてしまったにもかかわらず、的確な指摘と迅速な編集でサポートしてくれた生産性出版の副編集長 村上直子さんに心から感謝申し上げます。そして常に私を優しい心で見守り、励ましてくれた妻の三輪治子にも感謝します。

最後に、本書の読者が数多くの制約条件を突破し、イノベーション創出の担い手として、それぞれの企業や組織を牽引して活躍していくことを期待して、また、日本の夜明けは近いことを信じて、ここに筆をおくこととします。

著者

使えるガイドを有効活用しよう

使えるガイド 1　本書に登場する主な中小企業支援体制

[知れば知るほど得をする]

中小企業支援策の原資は税金です。法人税を払うだけでなく、その使途である公的支援を有効に活用しましょう。「補助金は諸悪の根源」といった風評が情緒的に語られることがありますが、まったく間違った認識によるものです。知れば知るほど得をする、有益な支援策の情報収集に努めましょう。

使えるガイド 2　国が進める地方創生の担い手育成のための教材

[タダで使える有益な情報]

地方創生カレッジは、国が進める地方創生事業の一つです。地方創生の担い手の育成を目的として、約170のｅラーニング講座を無料で受講することができます。大前研一氏や藻谷浩介氏などといった、評判の高い有名な講師も、講座で惜しみなく有益な情報を発信しています。

使えるガイド 3　地方創生カレッジ利用者のためのコミュニティ

[わからないことは聞こう]

地方創生「連携・交流ひろば」は、地方創生に関する新鮮な情報を発信し続けています。それだけでなく、わからないことに関して質問すれば、その分野の専門家が無料で回答してくれます。全国各地で地方創生に取り組む多くの人々と情報共有し、わがまちの活性化に役立てましょう。

使えるガイド 4　地方創生に求められるトライセクターリーダー

[若い担い手の育成は急務]

真の地方創生の実現に向けては、その担い手の存在が不可欠です。そして、広範囲に渡る知識や専門的な経験を要します。また、「お役所仕事」に陥らないようにするためには、知識と経験だけでなく、情熱と心血を注いで取り組むことができるかといった、基本的な態度も評価の指標となります。

使えるガイド 1

本書に登場する主な中小企業支援体制

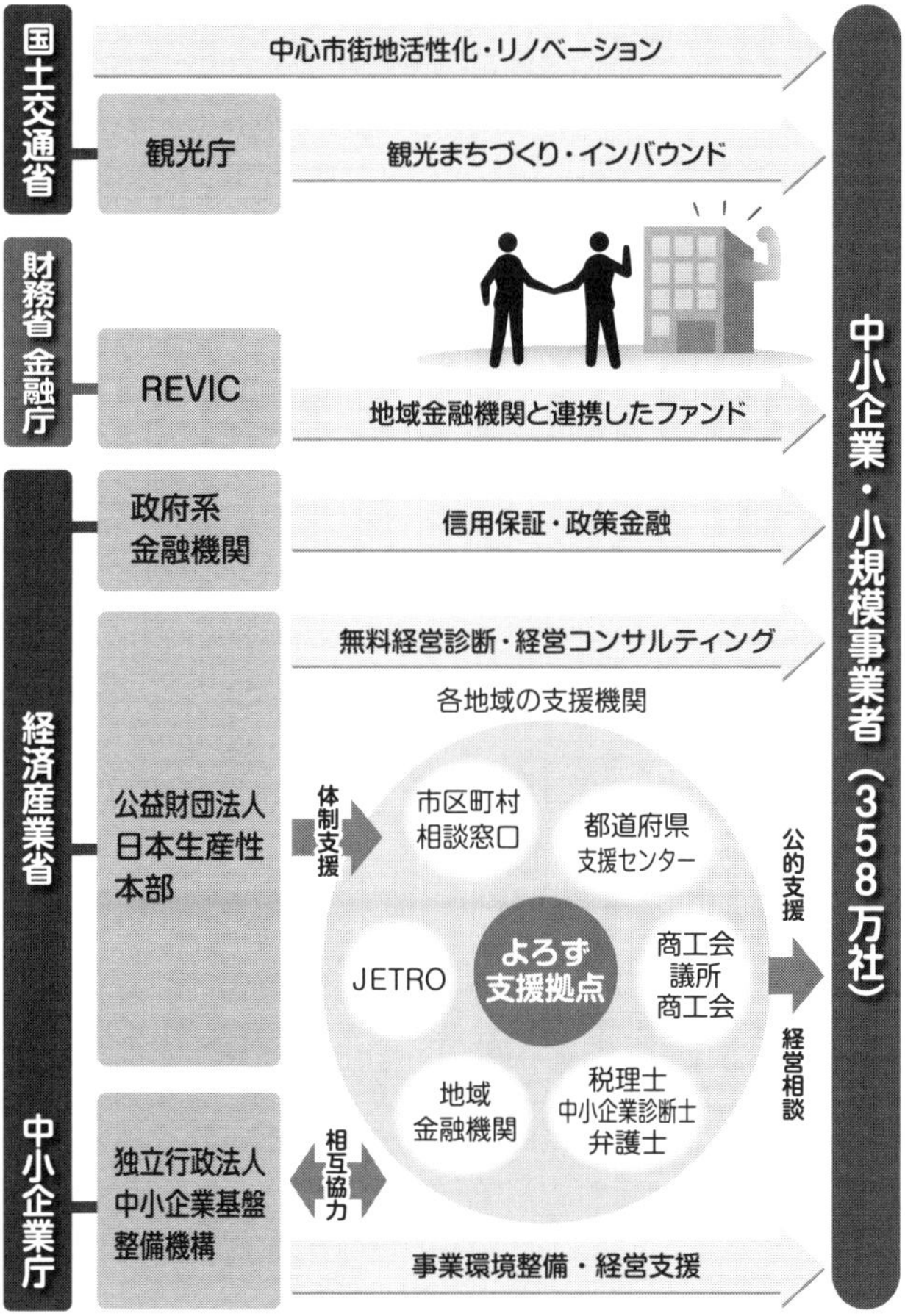

使えるガイド 2

国が進める地方創生の担い手育成のための教材

地方創生カレッジ

「地方創生カレッジ」は、地方創生に真に必要かつ実践的なカリキュラムを幅広く提供し、地域における地方創生人材の育成に繋げていくeラーニングサイトです。

●必要とされる人材

① 総合プロデューサー
② 首長（市長・村長）の補佐
③ 地域コミュニティリーダー
④ 分野別プロデューサー
⑤ 現場の中核を担う人材

https://chihousousei-college.jp

使えるガイド 3

地方創生カレッジ利用者のためのコミュニティ

地方創生「連携・交流ひろば」

「連携・交流ひろば」は、地方創生に携わる関係者が知見を共有し、相互にアイデアを提案するためのプラットフォーム（Web サイト）です。

●主なコンテンツ

① 地方創生 Q&A
② 地方創生応援プロジェクト
③ 地方創生交流掲示板
④ ビデオライブラリ
⑤ 地方創生求人情報

https://www.chihousousei-hiroba.jp

使えるガイド 4

地方創生に求められるトライセクターリーダー

トライセクター・リーダー (Tri-Sector Leaders)

これからは、民間・公共・社会の垣根を超えて活躍する人材
＝トライセクター・リーダーが求められる。

トライセクター・リーダーの心構

(1) 理想と実利をともに追求する
(2) 無関係に見える状況の類似性を見抜く
(3) 状況判断力に優れている
(4) 知的専門性を高める
(5) セクター横断的な人脈を築く
(6) 心構えを忘れない

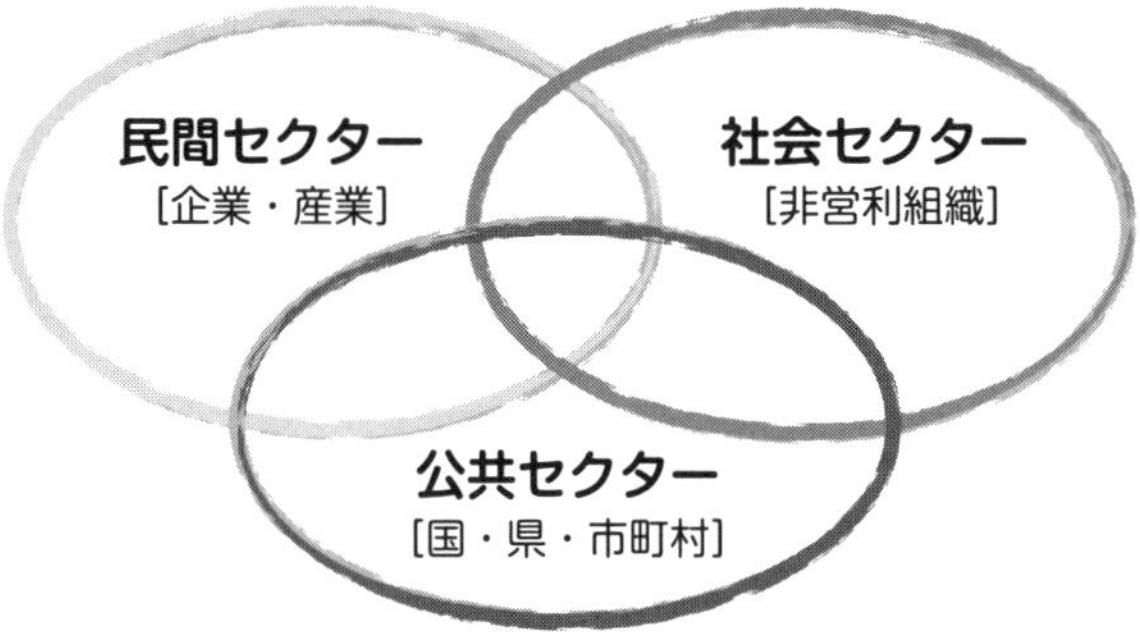

社会問題を解決するためには、民間・社会・公共の垣根（＝組織の壁）を超えて活躍するトライセクター・リーダーの存在が不可欠。異なるセクターが力を合わせない限り、ソリューションは生まれない。

出典：Triple-Strength Leadershipトライセクター・リーダー：社会問題を解決する新しいキャリア／ハーバードビジネスレビュー 2014 年 2 月（解説のため一部筆者編集）

[第1章]・[第2章]

・Smilor, R. W., Gibson, D. V., and Dietrich, G. B. (1990) University Spin-Out Companies: Technology Start-Ups from UT-Austin" Journal of Business Venturing, Vol.5, pp.63-76.

・Utterback, J. M.(1994)"Mastering the Dynamics of Innovation" Harvard Business School Press.(大津正和、小川進訳(1998)『イノベーションダイナミクス』有斐閣)

・Christensen, C. M., Raynor, M. E.(2003)"The Innovator's Solution: Creating and Sustaining Successful Growth" Harvard Business School Press.(玉田俊平太監修(2003)『イノベーションへの解』翔泳社)

・Shane, S.(2004)"Academic Entrepreneurship: University Spinoffs and Wealth Creation" Edward Elgar Publishing.(金井一賴・渡辺孝監訳(2005)『大学発ベンチャー』中央経済社)

・Tidd, J., Bessant, J., Pavitt, K.(2001)"Managing Innovation: Integrating Technological, Market and Organizational Change, 2nd Edition" John Wiley & Sons, Ltd.(後藤晃/鈴木潤監訳(2004)『イノベーションの経営学』NTT出版)

・『問題解決手法の知識』高橋誠(1984)日本経済新聞出版社

・『アイデアのつくり方』ジェームス・W・ヤング(1988)阪急コミュニケーションズ

・『発想法入門』星野匡(1989)日本経済新聞出版社

・『意思決定入門』中島一(1990)日本経済新聞出版社

・『"問題行動の意味"にこだわるより"解決志向"で行こう』森俊夫(2001)ほんの森出版

・『ベンチャーマネジメント力の向上』安保邦彦(2001)同友館

・『大学発ベンチャーの育成戦略』近藤正幸(2001)中央経済社

・『[行政経営品質]とは何か』淡路富男(2001)生産性出版

・『経営品質入門』岡本正耿(2003)生産性出版

・『顧客価値マーケティング入門』岡本正耿(2003)生産性出版

・「R & Dバブル崩壊後のハイテク開発戦略「死の谷」を越えて」吉野完(2003)『知的財産創造』掲載論文

・「"スピンオフ"革命による、日本のイノベーションシステム再構築」前田登(2003)『SPIRE報告書』September 2

・『経営品質向上テキスト』岡本正耿・井口不二男(2004)生産性出版

・「産学連携論考 ―技術の受け手主導の移転パラダイム―」児玉文雄(2004)『技術と経済』7月号掲載論文

参考文献

・『イノベーションの収益化』榊原清則(2005)有斐閣
・『役割業績主義』元井弘(2005)生産性出版
・『松翁論語』江口克彦(2005)PHP研究所
・『行政経営改革入門』北川正恭・岡本正耿(2006)生産性出版
・「イノベーションの創出に向けた産学官連携の戦略的な展開に向けて」科学技術・学術審議会(2006)技術・研究基礎部会 産学官連携推進委員会 報告書
・「産業界からみた産学連携の今日的な課題」戸田裕二(2006)『情報管理』Vol49 No.9 December
・「欧米のイノベーション政策に学ぶ日本の科学技術戦略のあり方」福田佳之(2006)『経営センサー』6月号掲載論文
・『目標管理と人事考課』元井弘(2007)生産性出版
・『真クリエイティブ体質』高橋宣行(2008)PHP研究所
・『日本半導体敗戦』湯之上隆(2009)光文社
・『ものつくり敗戦』木村英紀(2009)日本経済新聞出版社
・『日本の技術経営に異議あり』伊丹敬之(2009)東京理科大学MOT研究会編著　日本経済新聞出版社
・『イノベーションを興す』伊丹敬之(2009)日本経済新聞出版社
・「地域イノベーション拠点としての機能強化に関する事例調査」九州経済産業局(2009)報告書
・「イノベーション力を強化する産業技術政策の在り方」産業構造審議会(2009)産業技術分科会(中間報告)
・『技術力で勝る日本が、なぜ事業で負けるのか』妹尾堅一郎(2009)ダイヤモンド社
・「大学発ベンチャーに関する基礎調査」日本経済研究所(2009)平成20年度産業技術調査 実施報告書
・『大学発ベンチャーの日韓比較』金井一頼(2010)中央経済社
・『日本の大学発ベンチャー』桐畑哲也(2010)京都大学学術出版会
・『イノベーション実践論』丹羽清(2010)東京大学出版会
・『モノづくり企業の技術経営』山田基成(2010)中央経済社
・『性能限界』井熊均(2012)日刊工業新聞社
・『なぜ人と組織は買われないのか』ロバート・キーガン(2013)英治出版
・『インサイドボックス究極の創造的思考法』ジェイコブ・ゴールデンバーグ(2014)文系春秋
・『日本のイノベーションのジレンマ』玉田俊平太(2015)翔泳社
・『地方創生大全』木下斉(2016)東洋経済

参考文献

・『地方創生イノベーション』忽那憲治・山田幸三(2016)中央経済社
・『イノベーションはなぜ途絶えたか－科学技術立国の危機』山口栄一(2016)ちくま新書
・『キーワードで読み解く地方創生』みずほ総合研究所(2018)岩波書店
・『衰退産業でも稼げます「代替わりイノベーションのセオリー」』藻谷ゆかり(2019)新潮社
・『イノベーション＆マーケティングの経済学』金間大介・山内勇・吉岡徹(2019)
・「産学・産産連携によるイノベーション創出に関するプロデューサーシップとは」大津留榮佐久(2019)研究・イノベーション学会プロデュース研究分科会発表論文
・「産学連携推進に向けた名古屋大学の制度・取り組み」名古屋大学(2019)名古屋大学未来社会創造機構オープンイノベーション推進室資料
・「企業におけるオープンイノベーションの現状と課題、方策について」経済産業省(2019)構造改革徹底推進会合資料
・「日本企業における価値創造マネジメントに関する行動指針」経済産業省・イノベーション100委員会(2019)発表資料
・「アクセラレーターが語る日本企業の課題と未来(前編)(後編)」小林麻里(2019)(https://jbpress.ismedia.jp/articles/-/54921)(https://jbpress.ismedia.jp/articles/-/54926) JB Pressホームージ
・「トヨタ社長の父・章一郎氏がノーベル賞吉野氏に明かした「自動車危機の正体」」ダイヤモンド編集部(2019)(https://diamond.jp/articles/-/219300)ダイヤモンドオンラインホームページ
・「日本企業を蝕む“上から目線”という深刻な病気」冨山和彦(2019)(https://president.jp/articles/-/30696) プレジデントオンラインホームページ
・「なぜ「世界に冠たる企業」は日本から消滅したか」冨山和彦(2019)(https://president.jp/articles/-/30443) プレジデントオンラインホームページ
・「京都から世界にET革命を」吉野彰(2019.12)文藝春秋
・地方創生カレッジ専門職「DMO特別講座」第4章 日本版DMOの展開――事例研究(2)

［第3章］ CASE 1
株式会社Tri-win

・第13次業種別審査事典：8114 スーパーマーケット／8115 食品スーパー／

8116 ミニスーパー
・高山まちなか屋台村 でこなる横丁 ホームページ(https://dekonaru.com)
・高山まちなか屋台村 でこなる横丁 ブログ(https://dekonaru.hida-ch.com)
・夢ひびき心おどる でこなる座 ホームページ(https://dekonaru-za.com)
・高山市－人口動態(自然動態・社会動態)：高山市ホームページ(http://www.city.takayama.lg.jp/shisei/1000062/1002187/1002190.html)
・幕府直轄地(天領)時代(http://kankou.city.takayama.lg.jp/s/2000002/2000750/2000755.html)高山市公式観光サイト
・[特別寄稿] 景気上向きの？今だから読める：大手小売業血で血を洗って再編史—清水倫典　商業界2014/5
・昭和30年代におけるスーパーマーケットの誕生と「主婦の店」運動—吉田日出男と中内㓛を中心にして—：瀬岡和子　社会科学第44巻第1号　同志社大学人文科学研究所 2014-05
・全国各地で起きつつある「地方スーパー」再編。2019年は「業界再編」の１年に？：都市商業研究所(https://hbol.jp/182739)ハーバー・ビジネス・オンライン ホームページ－株式会社扶桑社
・「主婦の店」をつくった男：千田直哉(https://diamond-rm.net/blog_chief/5137/) DIAMOND CHAINSTORE ONLINE ホームページ—株式会社ダイヤモンド・リテイルメディア
・主婦の店(https://ja.wikipedia.org/wiki/主婦の店)フリー百科事典『ウィキペディア(Wikipedia)』
・スーパーバリューから生まれた、三方良しのでこなるブランド ー 伊藤通康(株式会社Tri-win 代表取締役社長)(https://hida-st.com/2019/05/17/itoumichiyasu/)　ヒダスト 飛騨地方に生きる、飛騨人のストーリーを刻むメディア。ホームページ－株式会社ゴーアヘッドワークス
・人と人、こころをつなぐ体験型の伝統芸能パフォーマンス「でこなる座」(https://www.takayama-gh.com/tabaru/article/deconaruza/)飛騨のたばる箱ホームページ—高山グリーンホテル
・あわら温泉屋台村ホームページ(https://yukemuriyokocho.com)
・飛騨・高山さるぼぼ結ファンド(http://www.revic.co.jp/business/fund/16.html)株式会社地域経済活性化支援機構ホームページ

［第3章］ CASE 2
中国風食事処 平安楽

・第13次業種別審査事典：6087 中華料理店
・中華風食事処 平安楽 ホームページ（http://j47.jp/heianraku-takayama/#r03）
・［事例紹介］高山市の海外戦略への取り組み姿勢―特集　これからの地域の国際化施策の新たなデザイン　国際文化研修2013夏 Vol.80―全国市町村国際文化研修所
・せいえい三つ星リポート インバウンド対応事例 Part2 平安楽　生活衛生だより　2017.1 N0.184
・トリップアドバイザー「外国人に人気の日本のレストラン 2016」を発表～岐阜県高山市内の中華料理店『平安楽』が1位！ベジタリアンやハラールに対応する店が目立つ～　トリップアドバイザープレスリリース 2016年6月21日
・インバウンド着地型観光の手引き　インバウンドを見据えた着地型観光調査（平成26年度）国土交通省観光庁　平成27年3月
・高山市におけるインバウンドの取り組み～訪日外国人旅行者の地方誘客に向けて～（http://www.mlit.go.jp/sogoseisaku/soukou/soukou-magazine/1706takayama.pdf）岐阜県高山市　国土交通省総合政策ホームページ
・平成28年　観光統計（http://www.city.takayama.lg.jp/_res/projects/default_project/_page_/001/008/430/28_kankoutoukei.pdf）高山市商工観光部観光課
・平成29年　観光統計（http://www.city.takayama.lg.jp/_res/projects/default_project/_page_/001/009/576/h29kankoutoukei.pdf）高山市商工観光部観光課
・平成30年　観光統計（http://www.city.takayama.lg.jp/_res/projects/default_project/_page_/001/010/740/30toukei.pdf）高山市商工観光部観光課
・飛騨高山ブランド戦略（http://www.city.takayama.lg.jp/_res/projects/default_project/_page_/001/007/145/02honpen.pdf）高山市　平成 28年3月
・人口動態（自然動態・社会動態）（http://www.city.takayama.lg.jp/shisei/1000062/1002187/1002190.html）高山市ホームページ

［第4章］ CASE 3
有限会社夢幸望

・第13次業種別審査事典：2074 寝具店／6043 ベッド・マットレス製造業
・快眠ショップ 夢幸望ハヤカワ ホームページ（https://www.yumekobo.net）

参考文献

・美濃加茂の企業呼び掛け寝具店の全国組織発足　中部経済新聞2018年9月14日(一面)
・丹羽ふとん店について「想い」(https://niwafuton.com/about/thought.html)
・西川(企業)(https://ja.wikipedia.org/wiki/西川_(企業))フリー百科事典『ウィキペディア(Wikipedia)』

[第4章]　CASE 4
株式会社山本呉服店

・第13次業種別審査事典：2068 呉服店
・山本呉服店 ホームページ(https://www.yamamoto-gofukuten.com/)
・山本呉服店 オフィシャルブログ(https://www.yamamoto-gofukuten.com/blog/)
・売らずして売れる理由―［総力特集］心の時代の商いの旗手「小坂裕司の世界」第2弾：商業界2014/5
・商業界 ホームページ(https://www.shogyokai.co.jp)
・文化を育む店の挑戦(前編)(後編)、一代に一回限りの感謝市(https://ameblo.jp/19660726/entry-12128826540.html)(https://ameblo.jp/19660726/entry-12129186592.html)(https://ameblo.jp/19660726/entry-12308818340.html)笹井清範の商人応援ブログ「本日開店」
・呉服商 (https://ja.wikipedia.org/wiki/呉服商)フリー百科事典『ウィキペディア(Wikipedia)』
・和装振興研究会～きもので日本の魅力を向上する～論点資料(https://www.meti.go.jp/committee/kenkyukai/seizou/wasou_shinkou/pdf/001_03_00.pdf)経済産業省繊維課和装振興研究会　平成27年1月　経済産業省審議会・研究会ホームページ
・和装振興研究会報告書(https://www.meti.go.jp/committee/kenkyukai/seizou/wasou_shinkou/pdf/report01_01_00.pdf)経済産業省和装振興研究会　平成27年6月　経済産業省審議会・研究会ホームページ
・着物関連市場の問題構造と可能性：株式会社千總「總屋」の事例研究を手がかりとして(今田治教授退任記念論文集 兵藤友博教授退任記念論文集)(http://r-cube.ritsumei.ac.jp/repo/repository/rcube/5166/be52_2_3yoshida.pdf)吉田満梨　経営学第52巻第2・3号

［第5章］ CASE 5
合名会社山本佐太郎商店

・第13次業種別審査事典：1096 砂糖・味そ・しょう油卸売業／ 1123 食料品卸売業／ 1137 和菓子製造・小売業
・大地のおやつ ホームページ(https://www.m-karintou.com)
・日本のおやつづくり まっちん ホームページ(https://www.mattin.jp)
・ブランドストーリーズ：山本佐太郎商店【岐阜】(https://sasala-pro.com/brand-stories-cat/yamamoto/)株式会社ささらプロダクション
・岐阜から全国へ。30年後も愛されるおやつ作り「大地のおやつ」(山本佐太郎商店)(https://life-designs.jp/webmagazine/daichinooyatsu/)Life Designs 東海の暮らしをもっと楽しくホームページ－アライブ株式会社ライフデザインズ編集部
・新規商品は4ヶ月待ち！岐阜の油問屋が手掛けた人気和菓子～大地のかりんとう(山本佐太郎商店)(https://www.foods-ch.com/shokuhin/1417501520621/)フーズチャンネルホームページ－株式会社インフォマート
・トーカイ・プロダクト・ストーリー：おやつ職人まっちんX老舗油屋のコラボで生まれた、毎日食べたい体にやさしいお菓子【大地のおやつ】前編、後編(http://hiroba-magazine.com/2016/12/20/productstory_161220/)(http://hiroba-magazine.com/2016/12/29/productstory_161229/)HIROBA! 東海エリアの魅力発掘ウェブマガジン—株式会社広瀬企画
・岐阜印[ぎふじるし]合名会社山本佐太郎商店(http://www.gifujirushi.com/049satarou.html)NPO法人メイド・イン・ジャパン・プロジェクト—メイド・イン・岐阜・プロジェクト
・kirari キラリと光る会社 15 山本佐太郎商店(http://kirari38.net/company/com015.html)合同会社みつばち社
・地域の力を合わせて新しい時代に合った商品を開発(http://www.csr-com.jp/introduce/cat36/post_28.html)CSRコミュニティホームページ
・平成28年経済センサス—活動調査 産業別集計(卸売業，小売業に関する集計)(https://www.stat.go.jp/data/e-census/2016/kekka/pdf/shogyo.pdf)総務省・経済産業省 平成30年3月　総務省統計局ホームページ

[第5章] CASE 6
家田紙工株式会社

・第13次業種別審査事典：2118 うちわ・扇子・ちょうちん製造業／3035 紙・紙製品卸売業
・家田紙工株式会社 ホームページ(https://www.iedashikou.com)
・カミノシゴト ホームページ(https://www.kaminoshigoto.com)
・ARTISAN(https://www.kaminoshigoto.com/artisan/)カミノシゴト ホームページ
・カミノシゴト(ガイドブック)家田紙工株式会社
・NATURE 家田紙工「WASHI dECO」(http://onoaa.com/works/nature.html)小野デザイン事務所 ホームページ
・伝統工芸品とは(https://kyokai.kougeihin.jp/traditional-crafts/)一般財団法人伝統的工芸品産業振興協会ホームページ
・岐阜市の伝統工芸品(ガイドブック)岐阜市商工観光部産業雇用課
・岐阜提灯共同組合ホームページ(http://www.gifu-chochin.or.jp)
・MINO TRAVEL GUIDEBOOK　岐阜県美濃市
・1300年の歴史をもつ美濃和紙の郷へ(http://www.furusato-web.jp/iju/gifu-mino)WEBマガジン「フルサト」―NPO法人ふるさと回帰支援センター
・美濃和紙について(https://www.furukawashiko.com/publics/index/17/)古川紙工ホームページ
・美濃和紙の里(https://minokanko.com/pages/minowashi/)美濃市観光協会ホームページ
・保木工房 ホームページ(http://www.hokikobo.biz/index.html)
・美濃手漉き和紙工房 Corsoyard ホームページ(http://corsoyard.com)
・ありさんの折り紙(http://orisawa108.blog.fc2.com)有澤悠河さんブログ
・美濃和紙(https://ja.wikipedia.org/wiki/美濃和紙)フリー百科事典『ウィキペディア(Wikipedia)』
・豊かな森と清流に育まれた工芸の里 岐阜―日本の紙技。産地レポート：つ・む・ぐ　2019年夏号　vol.23　生協の宅配パルシステム会報誌
・伝統的工芸品産業をめぐる現状と今後の振興施策について(https://www.meti.go.jp/committee/summary/0002466/006_06_00.pdf)経済産業省 製造産業局 伝統的工芸品産業室　平成23年2月　経済産業省審議会・研究会ホームページ

［第6章］ CASE 7
鈴木工業株式会社

・第13次業種別審査事典：4041 アルミニウム・同合金プレス加工製品製造業／4043 金属プレス加工業／6119 高級アイスクリームショップ
・鈴木工業株式会社 ホームページ(http://www.suzuki-kogyo.com)
・ウォームテックアイスクリームスプーン ホームページ(https://www.warmtech-spoon.com)
・逸品紹介：鈴木工業株式会社(中津川市)さっと差し込み、すっと溶ける 魔法のようなアイスクリームスプーン(https://www.chubu.meti.go.jp/c31seizo/monopro/product3.html)ものづくりプロが創る逸品応援サイト―中部経済産業局産業部製造産業課
・ニッチ市場のトップランナー：鈴木工業株式会社　広報誌 Biz Prime 2018年5月号　第一生命保険株式会社
・プレミアムドライストロベリー ホームページ(https://www.dry-strawberry.com)
・メグリーンプレミアムドライストロベリー(https://temiyage.gnavi.co.jp/item/00000354/)こちら秘書室公認 接待の手土産−秘書が選んだ至極の逸品− ホームページ 株式会社ぐるなび
・海外現地法人四半期調査：日本企業の海外進出状況(https://www.meti.go.jp/statistics/tyo/genntihou/sanko/pdf/h2c3e1ni.pdf)経済産業省ホームページ
・総括日本企業の海外展開の状況(https://www.smrj.go.jp/doc/research_case/cy_h15jittaianso.pdf)独立行政法人中小企業基盤整備機構ホームページ
・日本の海外直接投資と空洞化　深尾京司、袁堂軍　RIETI Discussion Paper Series 01-J-003　2001年9月　独立行政法人経済産業研究所

［第6章］ CASE 8
有限会社一山製陶所

・第13次業種別審査事典：3082 陶磁器製造業／3083 陶磁器卸売業／3084 陶磁器小売業
・セラ・キュート ホームページ(https://sanaegama.com)
・多治見市陶磁器意匠研究所ホームページ(https://www.city.tajimi.lg.jp/ishoken/index.html)
・土鍋[セラ・キュート]―2014グッドデザイン賞：(https://www.g-mark.org/award/describe/40881)公益財団法人日本デザイン振興会 ホームページ

参考文献

- 伝統の未来05陶磁器(http://designcommittee.jp/tradition/ceramics/)日本デザインコミッティー ホームページ
- 全国旅手帳－美濃焼(http://www.tougeizanmai.com/tabitetyou/006/rekisi-more.htm)陶芸サイトtougeizanmai.com ホームページ
- 美濃焼の歴史(http://tokicci.or.jp/sightseeing/minoyaki.html)土岐商工会議所 ホームページ
- 美濃焼とは(https://kakuni.co.jp/product/index.html)株式会社カクニ ホームページ
- 釉薬とは(https://touroji.com/elementary_knowledge/yuuyaku_glaze.html)陶磁器～お役立ち情報～とうろじ
- 日本のやきもの「やきもの」の歴史(http://www.ceramic.or.jp/museum/yakimono/contents/history.html)公益社団法人日本セラミック協会 ホームページ
- 陶磁器の主な原料(http://www.ceramic.or.jp/museum/yakimono/contents/genryou.html)公益社団法人日本セラミック協会 ホームページ
- 陶芸・陶磁器の歴史(http://www.mino.cc/mame/495.html)美濃粘土オンラインショップ ホームページ
- 金融機関が美濃焼で地域を活性化する―金融機関が果たす役割について― 古海洋介　中京ビジネスレビュー　第13号　2017年3月
- 衰退する「やきもの」一子相伝の里に見た活路：水津陽子(有料会員限定サイト)日経ビジネス
- ＜シリーズ＞ 十年で6割超の市場を失った陶磁器産業(課題編)：水津陽子(https://hanjohanjo.jp/article/332)HANJO HANJO ホームページ－株式会社電通
- 美濃焼(https://ja.wikipedia.org/wiki/美濃焼)フリー百科事典『ウィキペディア(Wikipedia)』
- 日本陶磁器概説 日本やきもの史(http://www.moco.or.jp/intro/history_c/japan.php)大阪市東洋陶磁美術館ホームページ
- やきものLibrary 陶磁器の歴史(https://www.umakato.jp/index.html)うまか陶ホームページ－福博印刷株式会社うまか陶編集室
- 東海地方の陶磁器産地と連携した磁器テーブルウェアの開発―撥水剤を用いた加飾効果の量産陶磁器への応用―　長井千春(http://www.hibizaidan.jp/asset/pdf/report/report_h22_nagai.pdf)(一般課題)研究助成事業報告書－公益財団法人日比科学技術振興財団 ホームページ
- 実は、いつも使っている食器の多くが『美濃焼』って知ってた？(https://loohcs.jp/articles/2562)LOOHCS あした話せる嗜好品メディア、ルークス ホームページ－株式会社ディライトクリエイション
- 岐阜県東濃地域における地域イノベーションシステム構築の地域特性　外

枦保大介(http://ypir.lib.yamaguchi-u.ac.jp/sc/file/1911/20170104090235/SC20060000203.pdf)下関市立大学論集 第60巻 第2号(2016. 9)

[第7章] CASE 9
NPO法人ORGAN

- 第13次業種別審査事典：7126 地方公共団体／7127 第三セクター
- NPO法人ORGAN ホームページ(http://organ.jp)
- 長良川おんぱく ホームページ(https://nagaragawa.onpaku.asia)
- 長良川デパート ホームページ(https://nagaragawadepart.jimdo.com)
- 長良川てしごと町屋CASA ホームページ(https://www.teshigoto.casa)
- 長良川体験チケット ホームページ(https://nagaragawa-ticket.com)
- 長良川STORY ホームページ(https://nagaragawastory.jp)
- NPO法人ポータルサイト：ORGAN(https://www.npo-homepage.go.jp/npoportal/detail/021000685)内閣府NPOホームページ
- 日本版DMO形成・確立計画：地域連携DMO—特定非営利活動法人ORGAN 観光庁資料
- 長良川おんぱくで流域再生 第1回　おんぱくは一日にして成らず(https://kankou-redesign.jp/pov/2019/)観光RE：デザイン－株式会社ジェイクリエイト
- 長良川おんぱくで流域再生 第2回　まちづくりのプラットフォームをつくり、長良川ブランドを構築・発信する(https://kankou-redesign.jp/pov/1237/)観光RE：デザイン—株式会社ジェイクリエイト
- 長良川おんぱくで流域再生 第3回　まちづくりが観光を磨く(https://kankou-redesign.jp/pov/1227/)観光RE：デザイン－株式会社ジェイクリエイト
- 「オンパク」とは何か？～別府オンパクにその真髄を学ぶ～　野上泰生 平成25年度観光実践講座講義録講義2　公益社団法人日本交通公社
- オンパク実施地域の現状分析～特徴的な活動や顕著な成果が見られる実施地域への取材報告～　福永香織　　平成25年度観光実践講座講義録講義5-2　公益社団法人日本交通公社
- NPO法人ORGANと「観光地域づくりに関する協定」を締結しました(https://www.juroku.co.jp/release/post_131.html)十六銀行ホームページ
- オンパク(別府八湯温泉泊覧会)について(http://www.coara.or.jp/~sanken/onpaku_doc/about_onpaku.htm)BEPPU HATTO WALKERS ++
- NPO法人ORGAN(オルガン)が目指す伝統工芸の復活再生プロジェクト(https://honichi.com/news/2019/03/22/organ/)訪日ラボ－株式会社mov

参考文献

・社会事業家100人インタビュー第55回先輩社会事業家のビジネスモデルを学ぶ：蒲勇介さん（http://socialbusiness-net.com/contents/news5766）一般社団法人ソーシャルビジネス・ネットワークホームページ
・持続的な地域活性化を目指す「長良川温泉泊覧会」：森敦（http://g.kyoto-art.ac.jp/reports/276/）京都造形芸術大学 通信教育部 芸術教養学科WEB卒業研究展
・「岐阜和傘」〜長良川プロダクト再興の可能性にかける〜：平田晴美（http://g.kyoto-art.ac.jp/reports/1941/）京都造形芸術大学 通信教育部 芸術教養学科WEB卒業研究展
・日本版DMO（http://www.mlit.go.jp/kankocho/page04_000053.html）国土交通省観光庁ホームページ
・日本版DMOの創設による新たな広域観光ビジネス創生のあり方：中村直之　緊急提言地方創生Vol.16―野村総合研究所未来創発センター
・日本版DMO（ディエムオー）とは？地域観光を活性化・地方創生を促進（https://honichi.com/news/2019/03/13/dmo/）訪日ラボ―株式会社mov
・日本版DMOとは何か？ 地域観光業活性化の組織が抱える課題とは（https://www.sbbit.jp/article/cont1/34151）ビジネス＋IT－SBクリエイティブ株式会社
・世界農業遺産とは（http://www.maff.go.jp/j/nousin/kantai/giahs_1_1.html）農林水産省ホームページ
・［ぎふ経済］岐阜和傘、魅力開く　岐阜新聞　2017年10月21日
・地域のキーマン対談：蒲勇介×岩瀬千絵（https://www.gifu-iju.com/person/talk/gifu-2）ふふふぎふホームページ―岐阜県清流の国推進部地域振興課
・日本版DMOはどのように稼ぐのか？〜自律的・継続的な運営に向けて〜中野文彦　JTB総合研究所
・NPO法人まちづくり学校ホームページ（http://www.machikou.com）
・地域プラットフォームによる観光まちづくり：マーケティングの導入と推進体制のマネジメント　大社充　学芸出版社　2013/3/1
・DMO入門 官民連携のイノベーション（地方創生シリーズ）大社充　株式会社宣伝会議　2018/12/3
・観光による地域振興について：古屋秀樹　観光とガバナンス第31号　公益財団法人日本都市センター
・観光振興財源について：山田雄一　観光とガバナンス第31号　公益財団法人日本都市センタ

［第8章］ CASE 10
多治見まちづくり株式会社

・第13次業種別審査事典：7128 PPP事業運営／ 7131 商店街組合
・多治見まちづくり株式会社 ホームページ(https://tajimi-tmo.co.jp)
・ヒラクビル ホームページ(https://hiraku-bldg.com)
・タウンマネージャー：「まちの経営」を支える人と仕事(2-3)既存TMOを方向転換、空き店舗を工房カフェに：多治見まちづくり株式会社小口英二 学芸出版社 2013/6/15
・まちづくり事例－多治見まちづくり株式会社(多治見TMO)(https://machi.smrj.go.jp/machi/interview_block/tajimi_machidukuri.html)中心市街地活性化協議会支援センターホームページ
・まちづくりコラム―【まちをつくる仕事】小口英二さん(多治見まちづくり株式会社・事業課長) 前 編、 後 編(https://www.machigenki.go.jp/index.php/44/k-1674)(https://www.machigenki.go.jp/content/view/1675/457/)街元気ホームページ―経済産業省政策局中心市街地活性化室／株式会社野村総合研究所
・誌上講演会「まちづくりセミナー」:「ここ」ならではの資源と人を活かしたまちづくり 治見まちづくり株式会社ゼネラルマネージャー小口英二氏(http://www.ccis-toyama.or.jp/toyama/magazine/h29_m/1823tks1.html)会報「商工とやま」平成30年2・3月号 富山商工会議所機関紙「商工とやま」のご案内ホームページ
・商店街の観光化プロセス(第2章) 中井郷之 創成社 2015/8/18
・商業まちづくり政策－日本における展開と政策評価(第4章) 渡辺達朗 有斐閣 2014/5/26
・今後のTMOのあり方について(TMO報告書)中小企業庁TMOのあり方懇談会 平成15年9月 経済産業省中小企業庁経営支援部商業課
・中心市街地活性化三法改正とまちづくり(1-1)まちづくり三法改正のねらいと土地利用の課題：矢作弘 学芸出版社 2006/9/10
・中心市街地活性化三法改正とまちづくり(1-5)TMOへの期待と現実：石原武政 学芸出版社 2006/9/10
・中心市街地活性化三法改正とまちづくり(3-1)TMO(株)伏見夢工房―住民と地域全体をまきこんだまちづくり―：山田奈津 学芸出版社 2006/9/10
・中心市街地活性化三法改正とまちづくり(3-3)(株)金沢商業活性化センター―TMOは街を個性化できたか―：遠藤新 学芸出版社 2006/9/10
・商店街：フリー百科事典『ウィキペディア(Wikipedia)』(https://ja.wikipedia.org/wiki/商店街)

参考文献

・株式会社金沢商業活性化センターホームページ(https://www.kanazawa-tmo.co.jp)
・まちづくり事例―株式会社金沢商業活性化センター(https://machi.smrj.go.jp/machi/interview_block/kanazawa.html)中心市街地活性化協議会支援センターホームページ
・まちづくりコラム―【まちをつくる仕事】髙本泰輔さん(金沢商業活性化センター・ゼネラルマネージャー)前編、後編：まちづくり情報サイト(https://www.machigenki.go.jp/index.php/44/k-1672)(https://www.machigenki.go.jp/content/view/1673/457/)街元気ホームページ―経済産業省政策局中心市街地活性化室／株式会社野村総合研究所
・地域商業振興政策変遷の歴史 ―社会的有効性とまちづくりを中心として―：南方建明　大阪商業大学論集 第7巻第3号 2012年1月
・地域の経済2006―自らの魅力を惹き出すための舞台づくり―：内閣府政策統括官室(経済財政分析担当)2006年12月(https://www5.cao.go.jp/j-j/cr/cr06/chr06_2-1-1.html)
・まちに“ひらく”人に“ひらく”。本を通して未来へひらいていく場所へ。多治見のレトロビル「ヒラクビル」とは。(https://life-designs.jp/webmagazine/hiraku_building/)Life Designs 東海の暮らしをもっと楽しくホームページ―アライブ株式会社ライフデザインズ編集部
・「ひらく本屋」と「東文堂本店」：マイティーライン(http://myttline.jp/archives/2194)マイタウンとうとホームページ―MYTTLINE事務局
・商店街はなぜ滅びるのか－社会・政治・経済史から探る再生の道新雅史　光文社新書　2012/5/17
・商店街再生の罠―売りたいモノから、顧客がしたいコトへ　久繁哲之介　ちくま新書　2013/8/7
・商店街はいま必要なのか―「日本型流通」の近現代史　満薗勇　講談社現代新書　2015/7/16

著者紹介

三輪 知生（みわ ともお）

1965年愛知県名古屋市生まれ。東海クロスメディア株式会社代表取締役。名古屋大学大学院経済学研究科博士前期課程修了、修士（経済学）。公益財団法人日本生産性本部認定経営コンサルタントとして企業経営コンサルティング、中小企業庁岐阜県よろず支援拠点チーフコーディネーターなどの役職で中小企業・小規模事業者支援に従事。現在は、日本生産性本部地方創生カレッジ総括プロデューサーとして、国が進める地方創生の担い手育成に携わっている。

岐阜発 イノベーション前夜

小さな会社を『収益体質に変える』事業のつくり方

2020年2月27日　初版 第1刷発行©

著　者　三輪 知生
発行者　髙松 克弘
発行所　生産性出版
〒102-8643　東京都千代田区平河町2-13-12
日本生産性本部
電　話　03-3511-4034
https://www.jpc-net.jp/

カバー＆本文デザイン　サン
印刷·製本　サン
図版デザイン　齋藤 稔（株式会社ジーラム）
編集担当　村上 直子

ISBN 978-4-8201-2098-8